当代高等教育管理与教学研究

张 桓 柯 亮/著

北京工业大学出版社

图书在版编目（CIP）数据

当代高等教育管理与教学研究 / 张桓，柯亮著． —
北京 ：北京工业大学出版社，2025.7重印
ISBN 978-7-5639-7070-4

Ⅰ．①当… Ⅱ．①张… ②柯… Ⅲ．①高等教育－教育管理－研究－中国②高等教育－教学研究－中国 Ⅳ．①G649.2 ②G642.0

中国版本图书馆 CIP 数据核字（2019）第 236210 号

当代高等教育管理与教学研究

著　　者：张　桓　柯　亮
责任编辑：刘卫珍
封面设计：点墨轩阁
出版发行：北京工业大学出版社
（北京市朝阳区平乐园 100 号　邮编：100124）
010-67391722（传真）　bgdcbs@sina.com
经销单位：全国各地新华书店
承印单位：三河市元兴印务有限公司
开　　本：710 毫米 ×1000 毫米　1/16
印　　张：11.5
字　　数：230 千字
版　　次：2021 年 10 月第 1 版
印　　次：2025 年 7 月第 4 次印刷
标准书号：ISBN 978-7-5639-7070-4
定　　价：45.00 元

前　言

高等教育管理是国家教育体系中的重要组成部分，在保证高校人才质量、规范高校教育管理秩序、培养社会主义事业合格建设者和可靠接班人等方面发挥着重要的作用。当代高等教育管理与教学工作处在一个多元变革的环境。随着高等教育大众化趋势的发展，高等教育管理与教学工作也发生了深刻变化。我国高等教育管理与教学工作在很多方面都有了一定突破，但从整体来看，还面临许多具体问题，这些问题迫切需要在高等教育管理与教学理论研究和实践中进一步厘清和解决。

本书第一章为绪论，主要阐述高等教育管理的介绍、高等教育管理中的冲突、高等教育管理的属性、高等教育管理的相关特点、高等教育管理中的几对矛盾等内容；第二章为国外高等教育的管理与启示，主要阐述英国的高等教育管理、美国的高等教育管理、新加坡的高等教育管理、国外高等教育管理启示等内容；第三章为我国高等教育管理的改革与发展，主要阐述我国高等教育管理概况、高等教育管理改革与发展趋势以及高等院校的领导者等内容；第四章为高等教育管理与教学的相关理论，主要阐述高等教育管理相关理论、高等教育教学相关理论等内容；第五章为高等教育管理的目标、规律与原则，主要阐述高等教育管理的目标、高等教育管理的规律以及高等教育管理的原则等内容；第六章为高等教育管理的价值冲突与价值实现，主要阐述高等教育管理的价值冲突、高等教育管理的价值实现等内容；第七章为高等教育质量与高等教育质量评价，主要阐述高等教育质量、高等教育质量评价以及国内外高等教育质量评价的研究等内容；第八章为我国高等教育教学创新的策略分析，主要阐述高等教育教学方法的创新、高等教育教学创新的思路、高等教育教学创新的策略、高等教育教学的文化创新等内容。

为了确保研究内容的丰富性和多样性，笔者在写作过程中参考了大量理论与研究文献，在此向涉及的专家学者们表示衷心的感谢。最后，限于笔者水平，加之时间仓促，本书难免存在一些疏漏之处，在此，恳请读者朋友批评指正！

目 录

第一章 绪 论

高等教育管理是教育管理活动的重要组成部分。随着高等教育在社会政治、经济、文化、科技等方面发挥的作用越来越重要，人们更加重视对高等教育活动的管理。高等教育管理的发展提高了高等教育的质量和效益，促进了高等教育更加适应社会发展。本章分为高等教育管理的介绍、属性、相关特点及高等教育管理中的冲突及几对矛盾五部分。主要内容包括高等教育管理的分类、必要性和重要性，高等教育管理的自然属性和社会属性、封闭性与开放性，高等教育管理的目标、对象、活动、环境、经费投资的特点，高等教育管理的集权与分权、个人与组织、稳定与改革、社会效益与经济效益四对矛盾等方面。

第一节 高等教育管理的介绍

一、高等教育的概念

高等教育管理与高等教育紧密相连，高等教育管理面向的管理方是高等教育。加强对高等教育的了解是高等教育管理有的放矢、提高效益的基础。高等教育是指建立在中等教育基础之上以培养高级专门人才为主要任务的社会实践活动，是一种专业性教育。其特点是规模大，层次多，内容复杂，与社会的政治、经济、文化、科技等有着直接的密切的联系。从程度上看，高等教育是在中学后的教育，分为专科、本科以及研究生的教育；从形式上看，高等教育分为高等教育自学考试、普通高等教育和成人高等教育。成人高等教育由多种类型的成人高等学校实施。这些成人高等学校包括广播电视大学、独立函授学院、教育学院等。

随着社会的政治、经济、文化、科技等的发展，高等教育规模更加扩大，人才培养质量、高等教育资源、专业设置、师生关系的协调、后勤工作的社会化等，决定了高等教育在管理上与基础教育的管理有着显著的差别。这种差别主要体现在管理对象，管理的原则、方法手段，管理者素质方面。

二、高等教育管理的概念

高等教育管理是指由专人或专门机构负责的，组织有关人员合理配置高等教育资源，高效地完成高等教育预定目标的活动或行为。具体而言，表现为高等教育管理者所持有的施之于高等教育被管理者的一种活动。它能够使前者的意志和设想变成后者产生从属性活动的直接动因，从而使高等教育管理者的活动与高等教育教学和科研人员的具体而有成效的活动结合成一种总体运动，以便顺利地有效实现高等教育管理者所预想的目标。在理解这个定义时，需要明确以下几点。

（一）管理者与举办者和办学者的职责

高等教育行政管理者主要是国务院和省、自治区、直辖市两级教育行政部门。它的举办者是投资创建高等学校的主要组织、机构、团体或个人。它的办学者是以高等学校法人为代表的学校领导、管理者集体。

由于我国高等教育的办学者不同，高校分为公立与民办两种。公立学校由各级政府办学，民办高校主要由社会力量办学，包括各民主党派、团体、私营企业、公民个人创办的高等学校。高等教育管理者主要包括高等教育行政管理者和高等教育办学者，即高等教育行政主管部门和高等学校。在我国，公办高等学校的举办者也是行政管理者，因而属于高等教育管理者的范畴。但是，从严格意义上讲，高等教育的举办者和行政管理者是有明显区别的，把两者混为一谈不利于高等教育管理决策的科学化和民主化进程，易于出现外行管理内行之弊端，不利于开展高等教育管理的正常活动。当前我国高等教育管理体制进行改革的一大任务就是要将高等教育的举办者和行政管理者分开，明确两者的职责范围，借助法律、经济、行政等多种手段，充分发挥高等教育行政管理者的作用，提高高等教育行政管理者的效益，从而保证高等学校真正成为独立的办学实体。

（二）范围涉及高等教育系统内外

就外部而言，任何一级的高等教育管理都离不开计划部门、财政部门的参与，否则高等教育管理者就无计划可施行、无财源可配置。就内部来说，高等教育系统为高等教育管理奠定了基础。离开了高等教育系统的高等教育管理将成为无源之水、无本之木，从而失去存在的意义。所有这些都是由高等教育的客观现实与规律决定的。

教育的规律要求高等教育管理协调好高等教育与社会的经济、政治、文化等方面的关系，既寻求高等教育外部的支持，又使高等教育主动适应社会的发展。与此同时，高等教育管理还必须不断优化高等教育内部结构、正确处理高等教育内部的各种关系、合理配置资源、尽可能地实现高等教育目标。所以，在某些层面上，高等教育管理是一种调节高等教育系统内外关系、解决矛盾的过程与活动。例如，高等教育的目标是培养社会主义现代化建设需要的合格的高级专门人才，满足人民日益增长的高等教育需求。但是国家财力不足，限制了高等教育的有效供给，无法及时满足人们对高等教育的需求。调节高等教育供应与需求的关系，充分利用有限的高等教育资源开发新的资源，维护高等教育的供需平衡以及正确处理高级专门人才培养的数量与质量的关系，高等教育的个人需求和社会需求的关系等，都是高等教育管理的分内之事。

三、高等教育管理的分类

根据管理的职能，高等教育管理可以分为宏观高等教育管理和微观高等教育管理；根据管理所涉及的领域和覆盖的范围，又可以分为高等教育行政管理与高等学校管理。这几种类型的管理相互联系，相互交叉，不能截然分开。

（一）宏观与微观的高等教育管理

宏观高等教育管理指的是专人或专门机构组织、负责的，对事关高等教育发展方向，目标重大但不涉及高等教育内部具体的结构、运行机制之活动的管理。其管理者包括高等教育的举办者和高等教育行政管理者，在管理的内容和范围上包括对高等教育系统以外与高等教育发展有直接的密切联系的活动的管理以及高等教育的行政。宏观的高等教育管理反映了高等教育系统具有复杂性。

与宏观高等教育管理相对应，微观高等教育管理是指专人或专门机构对高等教育内部具体结构、运行机制及其有关的活动的管理，以保证高等教育职能的充分发挥。微观高等教育管理主体是高校管理，同时也要协调社会与高校的关系，调动社会力量促进高等教育的发展。高等学校的财务管理、教学管理、学生管理、高校后勤社会化、高校的社会捐赠机制、高校的校办产业开发等都属于微观高等教育管理范围。

（二）高等教育行政管理与高等学校管理

高等教育行政管理是宏观高等教育管理的重要组成部分，宏观高等教育管理除了行政管理，还有处于高等教育系统之外但与高等教育有关的行政事务的管理。概括而言，高等教育行政管理，就是教育行政领导机关根据国家的教育法规、方针、政策，对的一切高等教育活动进行组织、协调、考核等，以期用最经济、最有效的方法来实现国家的高等教育目标。高等教育行政管理，在内容上涉及教育方针和目的、高等教育事业计划、高等教育制度、高等教育财政、高等教育行政管理者、高等教育的国际交流、高等教育视导等内容。

高等学校管理是微观高等教育管理中的内容，它指的是高等学校内部系统的管理活动，其目的是实现高等学校教学、科研、为社会服务的三大功能，便于高校适应社会经济、政治、文化等方面的发展。高等学校管理包括高等学校人、财、物、事、教学、科研等众多事务的管理，是影响高等教育管理效益的最直接因素。

四、高等教育管理的必要性和重要性

教育是 21 世纪我国国民经济建设的战略重点之一，是科教兴国的重要组成部分，是建设物质文明和精神文明的基础。在市场经济中，合理正确地认识教育，尤其是高等教育对社会主义的现代化建设起到的作用，科学地管理高等教育，提高管理水平，办好各类高等学校，不仅具有深刻的理论意义，还具有重要的实践意义。

（一）推动国家建设

实践证明，倘若没有受过高等教育，就不能掌握现代科学技术和现代化的生产手段，无法实现现代化的科学管理，当然也就谈不上建设现代化的强国了。日本在战后很短的时间内实现经济的腾飞，在很大程度上得益于其战后大力发展高等教育，培养专业人才。

高等教育在教育事业中占有重要地位。教育在推动国家现代化建设中的作用主要取决于高等教育，教育的核心问题是成功办好高等教育。科学地管理高等教育是发挥高等教育之社会功能的关键所在。伴随着知识经济时代的发展，高等教育越来越得到人们的关注，高等教育管理显得尤为重要。

（二）促进高等教育系统协调发展

高等教育内外部显现的矛盾需要高等教育系统来协调。解决与协调矛盾是高等教育系统存在的前提。高等教育系统在社会中能用到的资源有限，这也就制约了高等教育系统的发展。高等教育系统所面对的矛盾主要有三类：个人与整体的矛盾、个人与个人的矛盾、系统与环境的矛盾。为了解决这三类矛盾，需要增加对高等教育系统的投资，加强其科学管理，通过管理活动，充分调动系统内外人员的积极性，妥善协调高等教育系统内外的各种关系，最大限度地发挥投资的效益，使高等教育的目标得以实现。高等教育系统目标的实现过程，实质上就是解决矛盾的过程。

第二节 高等教育管理中的冲突

由于高等教育系统有自己独特的活动目标和活动主体，所以高等教育管理区别于其他的社会系统管理，有一定的特殊性。高等教育的总目标是，发展科学文化技术、培养高水平专业人才并适应社会经济发展需要。高等教育管理活动需要高等教育的总目标进行指导，通过制度和机制协调高等教育系统的战略规划与资源。高等教育管理的本质是协调好高等教育系统的有限资源与高等教育总目标的高效实现间的矛盾。

高等教育系统需要保证各子系统在目标上一致，不仅要求每个子系统的目标与整体目标相协调一致，还要求每个子系统的目标与自己内部的组织成员的个体目标相互协调。更重要的是，每个系统的目标与实现目标的条件需要互相协调，这就使得管理活动具有整体性和普遍性，即每个系统都需要协调。高等教育系统内部的等级层次性导致了高等教育管理活动也具有层次性，这就形成了一个多层的、多级的、专门的分系统，由它们集合成高等教育的管理系统。协调就是通过政策、制度和一些技术手段等协调系统成员的活动，以达到系统所设计的目标。从事这些专门活动的管理人员（或称管理者）的活动所构成的有机整体就是管理系统。

管理活动的普遍性（指管理活动作为人类活动的一个重要方面）普遍存在于所构成的各种组织机构中。专门管理者的出现体现出社会系统在结构层次上的性质，表明了在社会系统中个人具有不同的作用、性质及位置。人是管理的主体，权力是管理系统的基础，权力对人的活动具有约束性，这就使得人们根据一定的方式组织在一起来实现系统的整体目标，也在一定的程度上体现了权力在协调中的作用。协调或称调节是指调整或改善高等学校与校外之间以及校内各部门或成员之间、上下左右各方面之间的关系。

就一个国家和地区来讲，把高等教育放到社会的大背景中，政府对高等教育的协调是使高等教育的层次、规模、结构、水平、质量、效益协调发展，与社会的政治、经济、文化的发展相适应，如果不相适应，就必须进行协调。就高等教育的组织——学校来说，它是高等教育系统中的子系统，学校组织的类型因区域的差别、体制的差别、机制的差异、管理者的差异等出现差异，存在着的矛盾是多种多样的，有总体目标与部分目标之间的、有长期规划与近期打算之间的、有整体利益与部门利益之间的、有组织利益与个人利益之间的矛盾，这些矛盾如果不加以协调和解决，就会影响高等教育系统的运行和发展，也会影响高等教育效益的最优化。高等教育的协调任务与高等教育管理的本质要求是相一致的，体现了高等教育管理的基本矛盾和本质特征。《中华人民共和国高等教育法》为高等学校应该做什么提供了法律层面上的依据。作为高等学校的管理者，应通过领导的权威性和艺术性来调配和协调组织高校内部的各种资源，实施有效的管理。

只有了解管理活动中冲突的本质才能对症下药地协调。因此，必须探讨冲突产生的根源及其解决途径和方法，便于展开协调。

一、冲突产生的原因

在高等教育中，冲突的产生主要包括以下几方面原因。一是人的本性。当人的愤恨不满情绪积累到一定程度会形成冲突，这就需要适度地发泄。二是有限的资源争夺。资源在一所高校总是有限的，而需要却是无限的，为争夺有限的资源而产生的冲突在所难免。三是价值观和利益不同。不同经历的人其价值观容易形成冲突，部门和个人都可能因利益而形成冲突。四是角色不同。个人与群体的角色不同，不同的角色有不同的任务和职责，产生不同利益与需求，从而易产生冲突。五是追逐权力，在追逐权力的过程中往往会形成冲突。六是职责规范不清楚。七是组织的变动。组织的变动会导致利益的重新组合进而产生冲突。八是组织风气不佳。

单从冲突的结果看无外乎三种可能：一胜一败、两败俱伤、两者全胜。而前面两种结果都不是我们想要的，它们往往隐藏着更大的冲突。领导过程中需要避免它们的发生。最后一种结果是双方共赢的，是最理想的结果。这就需要很好地协调，有效地协调是我们展开协调的目的。

二、解决冲突的方法

（一）认知型冲突的协调

在宏观高等教育管理中，高等教育如何适应国家政治、经济、文化的发展，每一个发展时期如何规划，高等教育的科类层次结构等如何确定，不同的决策者及管理者会产生不同的意见，甚至矛盾。在微观高等教育管理中，对于学校如何定位、如何发展，如何运用学校有效的教育资源，如何设定培养目标、培养计划，教学与科研活动如何具体展开，各项工作如何总结评价等，人们也都会产生异议，甚至会形成明显的冲突。

具体讲，要解决这类矛盾和冲突，最好的办法就是在学习和研究的基础上，对高等教育的教育思想、教育观念进行认知统一，要提供公开交流的平台和场所，使冲突各方的观点相一致。

（二）感情型冲突的协调

感情型冲突是一种非理性的冲突，主要存在于微观高等教育管理活动中，指对于某个方面的具体事项，各方带有个人的情感色彩。感情型冲突产生的原因多种多样，甚至根本没有原因。解决这种冲突的方法：①提高心理素质，使自身具有能够承受一定的情感冲突的能力；②提高认识水平，了解冲突的起因是微不足道的，明白冲突最终会导致严重后果；③施行合理而公正的奖惩手段，坚持规章制度的原则性，对于坚持感情办事而导致不良后果的，做出制度上的处理；④进行感情牵引，引导感情向有益的方向发展。

（三）利益型冲突的协调

利益冲突具有一个特点：若利益折损程度不超过一定范围，就不会对组织目标和集体凝聚力产生影响；若超过了某个范围，就会直接致使整个系统崩塌。所以，有待解决且能够被解决的利益冲突大部分是处于这两者之间的利益冲突。利益冲突是在冲突各方各自追求效用最大函数值（或最大利益）的过程中构成的冲突。利益冲突所围绕的中心就是利益，而利益在各人的眼中是不一致的。

一般说来，出现冲突时，组织中可能存在无数个个体利益或自身利益，也可能存在多个不同规模的共同利益，但最大的共同利益只有一个。对于作为利益代表的个体或群体来说，他们的自身利益也只有一个最大值，这两个最大值就是“自利最优解”和“共利最优解”。解决利益冲突的关键在于如何进行利益的重新分配。如果借用函数求解的方式，当代表多方利益的曲线处于同一坐标系时，共利最优解就不难找到，但要把共利最优解和自利最优解结合起来就不容易了。寻找各方的自利最优解和共利最优解，实际上是一个人对利益的产生和形成的分析过程，而要使自利最优解和共利最优解取得一致，则不仅是一个分析过程，还是一个策略的实施过程。另外，它们也不是一成不变的，它们会因环境变量的改变而发生变化。因此，利益冲突的解决是一个因地制宜的过程。在高等教育系统中，各子系统，甚至更小的群体和个人，都有自己的切身利益。他们在实现系统目标的过程中也同样追求自己的切身利益。

比如，高校教师在进行教学科研工作时，一方面在完成高等教育的任务，另一方面也在追求自身的利益——职务的晋升和自我价值的实现。这里，职务晋升就是引起冲突的原因之一，特别是当候选人远远多于晋升名额时，冲突就异常激烈，如何确定好公平合理的晋升方案就是解决冲突的重点。此外在经费分配、人员任免等方面也存在各种利益冲突。若不重视这些冲突，尤其是利益上的矛盾和冲突，要想调动全体教职工的积极性，充分发挥他们的创造精神，就难上加难了。在解决这种矛盾时，有两个方面的办法：一是通过政策法规来约束，明确整体与局部利益、局部与局部利益、个人与组织利益、组织与组织利益、个人与个人利益之间的关系，公平公正地化解这些利益冲突；二是高等教育领导需要注重思想政治工作，结合精神鼓励和物质奖励，正确处理个人、集体与国家三者间的关系。

总之，要充分认识高等教育系统中矛盾的规律，尤其是在微观状态下要按照矛盾运动规律来解决这些问题。具体讲，个人与个人之间的矛盾主要表现在工资福利、提级晋升、表彰奖励、教育经费分配以及学术观点等方面，此时应遵循公正、平等的原则。在个人与整体的矛盾方面，要使系统整体的目标与个人的目标相符。系统与环境之间的矛盾表现为，对高等教育投资少与实现高等教育系统目标、政府包揽过多与高校缺乏办学自主权等之间的矛盾，这些矛盾也只能通过政策、体制去解决。

但是，高等教育系统的这三种矛盾是紧密相连的。所以解决高等教育系统的矛盾要从整体出发，进行科学的系统的管理。若不从整体出发，看不到矛盾间的联系，则会激化矛盾，导致高等教育系统的整体目标难以实现。例如，个人的合理需求不能得到满足会使其没有动力进行工作、敷衍了事。而个人在工作中主动精神不够会降低劳动效率，这样培养出来的人才质量就难以达到预期的目标。而人才质量的降低，又会引起社会上人才供需关系的变化。这种关系反过来又抑制高等教育的运行和发展。同样如果系统的整体目标与实现这些目标的现实条件差距过大,则目标就难达到,这反过来又会挫伤人的积极性。所以，高等教育系统目标的实现过程本质上是个系统与环境之间的矛盾、系统内部各矛盾不断得到协调和解决的过程。

我们要辩证地看矛盾，特别是高等教育管理活动中的矛盾，从矛盾的普遍性来看，所有的矛盾有共性的东西，因为产生矛盾的规律都是一样的。首先，我们要认识到矛盾的存在是必然的，不存在没有矛盾的社会，不存在没有矛盾的管理，人的价值观各异，认识方法和认识水平各异，有矛盾是很正常的，不要因为有了矛盾就惊慌失措。根据动态平衡的观点，管理活动中要有矛盾，有矛盾不是坏事,通过制造合理的矛盾,挑起正常的冲突,当然只是思想上的冲突,在冲突中谋求一致，达到矛盾的解决，在冲突中达到平衡。要善于处理和解决矛盾。出现矛盾不可怕，可怕的是当矛盾出现以后，我们束手无策，或者捂住矛盾，或者任其发展，有些管理者不善于解决认知型冲突的矛盾，甚至不愿意去正视这些矛盾，这都是不正确的做法。另外，最不可取的是压制矛盾，这会造成矛盾的激化，这样一来可能会带来新的、更大的冲突，产生更大的矛盾，因为它没有解决矛盾，而是转移了矛盾的方向，使小的矛盾集合成了大的矛盾。

三、面对冲突需注意的两个方面

第一是避免人为地制造矛盾和冲突。从源头上避免矛盾与冲突的出现，这就是我们要注意的源头方面。在制订各种政策制度时要科学合理，要经过专家论证和民主决策，千万不要匆忙出台不合时宜的政策制度，特别是要避免头痛医头、脚痛医脚地出台政策制度。在管理活动中尽量避免产生矛盾与冲突。管理活动中避免矛盾与冲突的办法有很多，其中之一是管理活动要透明、公开、公正，而透明的前提是游戏规则的认同。在游戏规则认同的前提下，游戏的运作必须透明、公开、公正，只有这样，才能有效地避免矛盾和冲突。我们知道，高等教育管理的本质特征与企业管理、经济管理有很大的区别，中国高等教育的管理在具有行政性一面的同时，又是学术性很强的专业管理。只要把握好了透明、公开、公正的度，避免管理活动中人为地制造矛盾和冲突是可能的。第二是实事求是地化解矛盾与冲突。矛盾与冲突在管理活动中始终是存在的，关键在于如何去化解。化解矛盾与冲突要本着实事求是的态度，首先，要敢于承担责任，用真诚来化解矛盾与冲突。其次，一旦矛盾与冲突出现，既不要大惊小怪，又不要消极怠慢，要以积极的心态去化解矛盾与冲突，把矛盾与冲突造成的危害降低到最小的程度。

第三节　高等教育管理的属性

一、自然属性和社会属性

普遍性是高等教育管理自然属性的主要表现方面。高等教育管理是一种社会活动，社会活动的有序进行离不开管理。高等教育管理是普遍存在于社会活动中的一种管理现象。不管哪个国家、哪个历史时期，只要有高等教育活动的身影，就不会缺少各种培养高级专业人才的活动，就有进行管理的必要。在当今社会中，高等教育已经成了一种国民的消费需求，成为一种国家和民众的普遍需求，特别是在高等教育普遍出现的时代，高等教育管理也成了一种普遍的专业管理。在各个历史时期高等教育管理有显著的共同点，且不因国家经济、政治、文化的差异而变化，也不因历史的发展而消失。

中国传统高等教育的优良部分由于这种共同点而得以继承和发展，如唐朝的高等学府制订了具体的教学计划，规定了严明的考核制度，明确了与升级、退学、放假有关的规定。这些管理在现代仍有意义。与现代大学有历史渊源的欧洲中世纪大学，一开始就建立了文法学、哲学和医学等学院，这种校—院制一直为后来的大学所采用，随着课程的发展，学习制度发展成最初的学位制，这种制度对以后的大学学位制度产生了深远的影响。如法学、哲学、医学等学科，都规定有不同的学习年限，需要学习若干门课程，还要实习讲授一定量的课程，然后才能申请学士、硕士和博士学位，之后，还要接受一次口试和辩论，经评审批准，才能戴上硕士、博士帽。现代大学申请硕士、博士学位程序基本同过去一样，只不过是在此基础上更加完善。这些共同点源于高等教育管理活动的逐步发展，在发展中形成的规律成为高等教育管理中高等教育活动遵循的一般原则，表现出它的共同性特点。另外，在高等教育管理的技术性上，高等教育管理中运用的技术方法不受社会制度影响，各个国家都可以互相引进、学习交流，如数学、经济学、计算机科学等，更加丰富了高等教育管理的形式内容，推动了它的发展。

高等教育管理的社会属性有两种含义：第一种是高等教育管理在历史发展中有继承属性，在人类创造历史的过程中，由于社会和自然环境不同，形成了不同的地域文化，这些在高等教育管理活动中有着深刻的印记。它们在高等教育管理中表现为，具有相同起源文化的地区或国家，其高等教育管理的思想和管理哲学有相似性，而具有不同起源文化的地区或国家，其高等教育管理的思想和管理哲学有显著的差异性。

第二种是高等教育管理有政治性。高等教育管理和权力关系紧密相连，高等教育的一些体制、制度、政策等与社会制度相同，为一定的政治服务。在阶级社会里决策者与被管理者之间一般表现为阶级关系。在社会主义社会里，人民群众是社会和国家的主人，社会主义国家的管理者，包括高等教育管理者，是为人民办事的公仆，而不是骑在人民头上的老爷和官僚，如果发生公仆转为主人的现象，就意味着管理的性质发生蜕变了。所以，有人不太赞成高等教育管理具有这样的社会属性，好像是把管理的自然属性社会化了，这是片面的，作为高等教育的管理者，特别是高级的、高层次的管理者，一定要懂得管理的社会属性，高等教育管理必定具有社会属性，并且，要搞清楚管理的社会属性体现在哪些方面，在管理活动中如何恰如其分地处理好社会属性的问题，是当前高等教育管理工作者必须解决的问题。从宏观高等教育管理来讲，它的社会属性中的政治性问题显而易见，主要表现在高等教育的办学方向上，也就是是否办社会主义的高等教育。高等教育管理社会属性认识的淡化是很危险的，有的人甚至不承认社会属性则更可怕，这是一个事关民族性、国家性的根本问题。

高等教育管理活动具有两种属性，自然属性和社会属性，它们处在矛盾统一体中。高等教育管理的两个目标，决定了高等教育管理的两种属性是一对矛盾。同时，高等教育管理的两种属性又统一于高等教育管理计划、组织、领导和控制等管理环节上，根本上统一于高等教育管理的效益上。高等教育管理的社会属性是自然属性存在的基础，而离开了自然属性，高等教育管理的社会属性也不可能体现出来，它的社会价值目标也不可能实现。

二、封闭性与开放性

高等教育管理的封闭性指的是在高等教育管理中，根据其中的矛盾在高等教育系统内部进行运转及循环的性能；高等教育管理的开放性指的是在高等教育管理中，根据其中的矛盾在高等教育系统外部实现能量、信息、物质交换的性能。

从高等教育管理的封闭性来说，在高等教育系统内，不管实行什么样的高等教育管理活动，都需要有一个前提即需要在高等教育系统的运行过程中构建一个相对封闭的系统。高等教育系统若没有相对的封闭性，就没有相对稳定的环境，所有高等教育管理的活动都不可能按照自己的独特方式运行。这种相对封闭性是一种客观的存在，是使高等教育管理得以更好进行的要求。当然，不存在完全封闭的高等教育系统，完全封闭代表着与环境不进行任何交换，这样的高等教育系统终将走向灭亡。所以，高等教育管理的封闭性具有相对性。

现代社会中，任何一个系统都不可能是封闭的，封闭是相对的。从高等教育管理的开放性来说，外界环境制约着高等教育系统的发展，通过开放才能得到更多的物资资源与信息资源，从而更好地融入社会大系统中，去循环，去接受洗礼，去成长壮大。纵观中国高等教育的改革与发展，中国高等教育管理的现代化进程的不断加快离不开开放，我国高等教育管理的很多思想与观念就是通过改革开放得到了启发，很多技术与方法都是在国际高等教育的大背景下开发与形成的，现代高等教育管理的进程没有国际化的开放是不行的。没有开放性就没有中国高等教育的大发展，就没有中国高等教育管理的成熟和成长。

故步自封、关门主义会使高等教育系统独立于社会大系统之外，这是历史证明了的。这个社会不可能停留在古代文法教育时代，教育脱离社会，脱离社会化生产活动，成为贵族教育的一种象征，是难以推动社会生产力的发展的。现代社会大生产催生了科学教育的迅猛发展，科学教育的内容、科学教育的方法，无不是来自社会的。那么，高等教育的管理在思想上首先要开放，要引入先进的管理思想和方法，但高等教育管理最本质的东西不要去改变它，这就是开放性的基本原则。高等教育管理的封闭性与开放性的矛盾体现在：若单独强调高等教育管理的封闭性，则会影响高等教育系统的外延“发展”，丢失获得更大利益的机会；若单独强调高等教育管理的开放性，过分关注高等教育系统的效益而忽视其封闭性，打破高等教育的自身系统，只强调“发展”忽视“存在”，就会导致高等教育系统内部紊乱，动摇系统的“存在”基础。无论是高等教育管理的封闭性还是开放性，它们的目的都是维护高等教育系统的生存和发展。这里要明确的是，高等教育要向世界开放，汲取世界上先进的管理经验，包括一些先进的管理制度。要向其他行业开放，走开放办学的道路，特别是在市场经济体制下，企业管理是最活跃的，产生的现代企业管理的先进理念和方法尤其值得高等教育管理借鉴。

高等教育管理的自然属性与社会属性的两重性是我们要充分认识清楚的。高等教育管理的自然属性及其客观规律，在高等教育管理的认识和具体活动中都是必须要遵循的。高等教育管理活动中的两重性规律明示了高等教育管理中固有的封闭性和开放性、自然属性和社会属性及其相互联系，这种联系是由高等教育管理的“整体功能”和“结合力功能”两个目标的矛盾运动所规定的，事实上，两重性从整体上反映了高等教育管理的特殊矛盾。因此，高等教育管理属性的要素之间的联系是必然的。总之，我们所研究的高等教育管理的封闭性和开放性、自然属性和社会属性以及它们的规律是相对稳定的，是高等教育管理的本质。

第四节 高等教育管理的相关特点

一、高等教育管理目标的特点

高等教育的主要任务是培养人才和出科研成果，这就使得高等教育管理相较于其他管理在目标上具有特殊性。高等教育管理在目标方面的特点主要有以下几方面。

（一）其目标是实现高等教育目标

高等教育目标对高等教育管理的目标有调控、引导的作用。高等教育的目标是提高人才的学术水平和保证人才的数量。高等教育管理目标是利用一定的人力、财力、物力等教育资源，使组织中的每个成员都按高等教育规律办事，做好自己的本职工作，培养更多的优秀专门人才，研发更多的高水平科研成果，获得更高的效益。高等教育管理目标的特点是，高等教育管理目标的制定需要依据党和国家的教育方针政策，依据高校的教育目标。高等教育管理目标的特点要求在制订学校的管理目标时，需要最先研究高等教育目标。如果制定高等教育管理目标时不考虑高等教育目标，将缺乏一定的办学指导思想，高等教育管理将失去方向。科学的合理的高等教育管理目标也是实现高等教育目标、搞好高等教育管理的保证。

（二）其目标具有很强的方向性

每一项管理都有方向性，然而高等教育的主要目标是培养人才，与一般管理相比方向性更强。人才的培养是人的一种有意识的活动，它受一些价值取向、政治观念的影响。很强的政治方向性是高等教育管理目标中一个很重要的方面。同时，高等教育终究会为一定的社会和经济发展服务。教育周期长的特点决定了，为了适应社会和经济的发展，人才的培养计划需要考虑其周期性长的因素，进行超前安排。我国的高等教育管理目标，必须明确体现并坚持社会主义方向。

（三）其目标必须以社会效益为主

和其他管理相同，高等教育管理的目的同样是提高效率、获取效益。但是高等教育管理的根本目标是更好地培养人才、提高人才的质量。在评估高等教育管理的效率时要考虑到以下几点：①管理者要充分掌握高等教育中人才培养的特点；②教学和研究活动需要依靠活动中的参与者才能得以有效管理；③高等教育管理效率的提高需要依靠调动学生和教师的积极性。高等教育管理虽然也讲究投资效益，但这主要是指尽可能降低教育成本，以尽量少的投入办尽量多的事情。而不是也不可能只注重经济效益，不能以营利为目的。

二、高等教育管理对象的特点

高等教育管理的对象主要是教师和学生，教师是高等教育系统中的主导性成员，学生是高等教育系统中的主体性成员。高等教育管理的对象具有特殊性，这也使得高等教育管理与工厂企业管理不同。工厂企业中的管理对象是工人，工人面对的是没有自我意识的物品，可以任由工人摆布。高等教育管理的对象则与之不同，主要表现在以下两方面。

（一）教师与工厂企业的工人不同

教师是具有专业知识和能力的群体，对教师的管理要注意符合教师心理活动的特征。教师不仅是管理对象还是管理者。他们面对的主体是学生，与工人们面对的物品不同。教师的绩效通过学生的表现来表现，不同于工人通过自己的表现来表现。

（二）学生与工厂的产品不同

高等教育管理的对象——学生，通常都是已经成年且受过中等教育的知识青年，对学生的管理需要符合学生身心发展阶段的特征。同时，学生是有意识的、有主观能动性的个体，他的主观能动性在高等教育管理过程中具有很大的影响力。学生不仅是被教师塑造的对象，还是自我素质提高、自身学习和研究活动的参与者。从当前提倡的加强学生自我管理方面看，学生也属于管理者。

三、高等教育管理活动的特点

高等教育管理过程是以知识为中介的人际关系活动过程，要协调学术目标与其他目标之间的矛盾，这决定了高等教育管理活动具有以下特点。

（一）学术性很强

创造知识、传授知识以及应用知识是高等教育的主导性职能。衡量高等教育培养的专门人才与高校提供的科技成果的质量，主要途径是评判其学术水平和应用价值。所以，学术目标体现了高等教育系统的本质功能以及整体性质。高等教育管理活动需要将学术目标作为主导目标，对人、财、物等资源的合理配置，都要以有利于提高高等教育学科研究的水平为依据。因此，在高等教育管理活动中，行政管理与大量的学术管理都是不可或缺的。

（二）人际交流性很强

高等教育管理过程是学生、教师以及管理者之间三向交流的活动过程，人的因素起更为重要的作用。因为高等学校培养人才的教育过程，就是教师与学生之间的双向交流的活动过程。要提高教育质量、取得好的教学效果，教师必须了解学生，启发学生积极思考，调动学生的学习积极性。师生之间要经常交流，教学相长。高等教育管理要取得成效，必须重视人的因素。管理者必须与各专业学科的教师加强交流，必须与学生加强交流，努力形成彼此相互理解和相互支持的局面。

（三）综合复杂性

培养人才是高等教育的根本任务，不管是什么专业的人才，都要体现德、智、体、美、劳的综合培养目标。高等学校除了培养高层次人才这一根本任务外，还有开展科学研究活动，为社会提供服务，创建社会主义精神文明等多种社会工作、多项社会职能。而这些工作、这些职能之间又是相互联系，相互制约的。其运行过程相互交织在一起，这就决定了高等教育管理过程是很复杂的。这种综合复杂性，就要求管理者，特别是领导者在高等教育管理中要善于调动管理对象的积极性，运用集体的力量使得教育管理高质量运行。同时，要注意控制好高等教育管理的运行过程，一切要因人、因时制宜。

四、高等教育管理环境的特点

高等教育管理是整个社会管理的一部分。因此，它要受到社会大系统中各种因素的影响和制约，并且这种制约比一般管理所受的制约要强，它还具有一定的意识形态因素。教育受一定社会历史条件下的政治、经济、文化的制约，与此同时又为它们服务，而且这种制约性和服务性特别强。高等教育管理必然会受到一定社会的经济基础和上层建筑、生产力和生产关系的影响。比如，高等学校规模、高等教育专业的设置、高等教育管理体制等，都要根据国家在一定时期内的经济、政治、文化等状况来决定。除了物质环境外，人文环境对高等教育的影响亦十分重要，因此，必须将高等教育管理事业放到社会大系统中，把它作为其中的一个子系统来认识、来进行管理，必须充分重视各种环境因素对高等教育管理的影响。

五、高等教育管理的经费投资特点

高等教育管理中经费投资的管理具有其特殊性，而这又是由高等教育投资的特殊性所决定的。高等教育投资的特殊性主要表现为以下几点。

①战略性。一个国家发展经济的后劲主要依靠科学技术的发展和高校培养的优秀专门人才。所以，对高等教育的投资应该具有战略性。

②目的的特殊性。培养优秀的专门人才是高等教育投资的根本目的，与其他产业性的投资有根本的区别。

③高投资性。与初等教育、中等教育相比，高等教育管理具有高投资性。一个大学生或研究生每年的事业性经费支出相当于几十个小学生或中学生每年的事业费。所以，高等教育投资及其管理必须科学。特别是在我国当前高等教育经费投资不足的情况下，更要对其加强科学管理。

第五节　高等教育管理中的几对矛盾

一、集权和分权

从国家方面来说，高等教育管理中的集权指的是高等教育由国家统一管理，高等教育的管理权力被集中在中央的管理模式。它缩小了下级高等教育权力机关的权限，为统一指挥和统一管理提供了便利。高等教育集权有着广泛的范围，涉及经费、学位、计划、毕业、分配、人事、外事等方面。分权即分散权力，它指的是高等教育管理的上级将某些范围的权力下放给下级，使得下级管理部门有了较大的管理和决策的自主权。我国高等教育的集权和分权主要涉及两个方面的关系：中央和地方的关系；政府与学校的关系。

（一）集权和分权的利弊

在某一程度上使决策具有权威性是集权的优点。实行高等教育管理集权可以根据国家和社会发展的需要对全国的高等教育进行统一的领导、统一的规划，以保证高等教育与社会政治、经济协调发展，使高等教育满足国家的需求。它的缺点是易产生管得过死、统得过多等现象，不能灵活适应多变的社会环境，不能很好地调动办学者的主动性和积极性。分权的优点是在高等教育管理中可以减轻上级部门的工作负担，将他们从具体事务中解放出来，进而专心于统率全局的工作，可以使高等教育管理中的上下级部门都负有一定的责任，不会使其感到无所作为，从而激发办学者的主动性和积极性。它的缺点是易导致宏观上的失控，各地方和下级部门盲目发展高等教育，使得部门分化、学校办学不规范等，进而影响办学的效益和教育的质量。

因此，在高等教育管理过程中，要从管理体制上把握好集权和分权的度。过度的集权和分权都是不可取的。一般来讲，集权和分权的度的把握应该从所管理问题的性质上考虑。但凡是长远性、根本性、全局性的战略问题，都应该集中统一管理，以达到令行禁止的目的。集中要有一定的度，应使下级在一般的事务上有一定的权力，能根据自身的具体情况进行独立决策。总之，集权和分权的度应遵循国家宏观调控下的学校自主办学的原则，使之在不断的相互补充中发挥作用。同时，为了让责权分明，必须通过法律的手段予以确定，以便执行起来有法可依。

（二）集权和分权的转化

集权和分权有以下两种转化形式。一是被动转化，即当过度集权或过度分权的管理妨碍高等教育管理活动时，由过度分权转向集权或由过度集权转向分权。当前有许多国家的高等教育管理都存在这种趋势。比如，美国正在由过度分权的高等教育管理向适度集权的方向转化，我国则正经历着从过度集权向适度分权的高等教育管理体制的演变。二是主动转化，即在出现的问题之前就注意调整分权和集权的关系，在发展过程中把握集权与分权变化的度，将由分权与集权不平衡而造成的危害扼杀在摇篮里，进而使高等教育系统得以健康发展。

但从集权和分权的关系看，两者的平衡或适度、不平衡或过度现象通常是交替出现的。由于高等教育管理活动具有复杂性，集权和分权的度很难十分恰当地把握，两者的地位也会不断转化。新中国成立以来高等教育管理体制的改革发展历程就充分说明了这一点。1949—1952 年，我国高等教育管理体制处于由新中国成立前权力分散、混乱的状况逐步向权力集中过渡的阶段。1953—1957 年，我国高等教育管理体制处于高度集中管理阶段。1958—1960 年，国家下放部分高等学校管理的领导权，很大一部分高等学校管理的领导权下放到地方。1961—1966 年，高等教育管理体制明确了统一领导、两级管理的方针。1966—1976 年，“文化大革命”期间，高等教育处于混乱和停滞状态，因此，谈不上管理。1976—1985 年，1963 年时的高等教育管理体制基本恢复。1985 年后，高等教育实行中央、省、中心城市三级办学的领导管理体制。所以，我国高等教育管理体制演变的总趋势是分散——集中——适度分散，而这种演变或转化是否是一种被动的转化是值得研究的，这种转化给我国高等教育事业的发展带来过许多问题。因此，面对集权和分权的转化应该选择主动转化的方式，在发展中调节二者的平衡。当然，在这个过程中要注意避免极端的发展走向，我们强调的是调整的“度”，而不是笼统的、简单的集权或分权，集权和分权都是必需的，两者要相互补充、相互协调。

二、个人与组织

高等教育系统的主体是人，而人是有自己独立意识、行为和利益的。在高等教育管理的活动中，人可以分为管理者与被管理者，有的人可能既是管理者又是被管理者，同时他们又都是组织中的一员，不能脱离组织而存在。高等教育系统中的组织是由相互协作的有共同高等教育目标的若干个人组成的实体，它既可能是学术的组织又可能是行政的组织。高等教育管理中的个人与组织既有对立的一面又有统一的一面，他们的矛盾从本质上看是责任与利益的需要。

个人和组织对立的一面主要表现在两个方面。

①组织利益高于个人利益。个人利益不等同于组织利益，组织利益是个人利益的总括与集中表现，绝对高于个人利益。在高等教育系统中，每一个高等教育组织的利益最终都要通过高质高量地出人才、出成果和为社会服务来体现，而每个人的利益则可能千差万别，其中既有与组织利益一致的，又有与组织利益不相同的。

②个人利益高于组织利益。个人利益得不到维护，何谈组织利益。

高等教育组织通过其内在的结构和活动可以产生个人分散活动所不能产生的新结果，仅就培养一个人而言，它是通过许多个教师的辛勤教育，许多个管理者的活动，多个服务人员的努力劳动以及学生个人的勤奋学习来实现的。所以，组织力量不是组织内所有个人力量的简单算术和，而是大于这个算术和，是一种具有新质的力量。任何个人，不论是教师、学生，或管理者、被管理者，要想有所作为，必须依靠高等教育组织。实际上，高等教育管理中个人与组织对立的一面是有限的、次要的，它们之间统一的一面才是主要的。

高等教育管理中个人与组织之间的统一主要表现在高等教育活动中，高等教育组织中任何个人都无法脱离高等教育组织而存在，教师、学生、管理人员因具有一定的功能而成为高等教育组织中的一员，而这种功能的发挥也有赖于高等教育的组织，没有高等教育组织，这些功能不能得以很好地发挥，也不能把每个人的功能综合为高等教育的整体功能。高等教育组织也离不开个人，个人是构成高等教育组织这一实体的最小单位。高等教育组织中没有教师、学生、管理人员是不可想象的。高等教育每一个组织中的人数有多有少，这与组织的任务有关。人数的多少各有利弊，但更多地取决于管理的水平和性质。高等教育组织中个人利益与组织利益是紧密相连的，利益是标志人的物质和精神需要能否得到满足以及满足程度的范畴，高等教育组织中个人的文化知识层次各不相同，甚至差异较大，既有高层次的知识分子，又有一般的员工，还有即将进入社会的莘莘学子，其需要和利益也各不相同，如经济、文化、政治等方面的利益。利益在高等教育活动中体现着个人和组织同精神文化生产活动的关系、同人才培养活动的关系，但更重要的是体现着在享受这些活动带来的利益时个人与组织之间的关系。高等教育的组织利益是组织内部个人利益的升华，它与个人利益是相同的，个人的利益是组织整体利益的构成，若用二者对立的观点指导教育管理活动，会打击教职员工的积极性。这就要求管理者在管理过程中，在维护组织整体利益的同时要保护个人利益，努力满足个人的正当合理的需要，创造一种积极向上、团结一致、同甘共苦的组织氛围。不同的个人为了自己的利益而协作，维护组织的整体利益，个人利益与组织利益紧密相连，当整体利益得以实现时个人利益也会得到满足。

总之，在高等教育管理活动中，要兼顾组织利益和个人利益，把两者很好地结合起来，相得益彰，促进高等教育系统的健康发展。

三、稳定与改革

稳定标志着高等教育管理活动的相对常态，由高等教育系统运行的相对稳定性决定。高等教育系统的相对稳定性使得高等教育系统在一定程度上依赖于自身的规律，按照其内在的逻辑发展表现出相对的稳定性。但高等教育管理活动的相对稳定是暂时的、有条件的。第一，当人们说某些要素处于稳定状态时，其实是相对于一定的管理系统和地点、时间、空间而言；第二，稳定包含着高等教育管理活动中的量变，当高等教育管理中某一阶段或某一体制没有发生质变仍保持其自身的性质时，我们说它是相对稳定的，但同时，它们在保持性质不变时仍有量的变化。在我国高等教育管理体制由高度集中的计划管理体制向以市场为导向的管理体制发生变化之前，虽然其内部也在发生各种变化，但还是可以说这种体制是相对稳定的。

改革是高等教育管理中质变的体现，它的实质是对未来的反应，高等教育系统的开放性促进改革的发展。开放性决定了高等教育管理活动要不断地适应外界的变化，包括根据外界环境的变化，制订新政策、新目标，改变原来的管理体制和管理模式，赋予过去的教育新的职能等。例如，随着高等学校职能由教学、科研向社会服务的延伸，高等教育管理的范畴也将延伸。不仅要进行教学、科研管理，还要对高等学校的社会服务活动进行管理，包括对科学技术成果及产品的推广、多种咨询服务及相关产业活动等的管理。这就使得管理活动的内容发生了部分质的变化。因为，科技成果推广、产业活动的管理，无论在内容上，还是在形式上都与教学截然不同。随着计划经济体制向社会主义市场经济体制的转变，高等教育管理体制也正经历着由高度集中统一的、以行政手段直接干预为主的管理体制向统一领导、分级管理、以宏观调控手段间接干预为主的管理体制的转变。这是高等教育管理体制为了适应社会主义市场经济体制进行的改革，是高等教育管理体制的一种根本性变化。

在高等教育管理中，稳定与改革是辩证统一的。首先，它们相互渗透、相互包含。高等教育管理的体制改革代表着管理体制根本性、全面性的变化。在此之前，管理活动整体上虽然是相对稳定的，但个别小改革经常发生。例如，新中国成立以来，在实施相对稳定、高度集中统一的高等教育管理体制的过程中，其体制内部的局部改革一直没有停止过，但所有改革都没有冲破这一体制。改革是动态管理的基本特征，要根据客观条件的变化，及时改革一切不适应系统发展的弊端。所以，稳定包含改革因素。同时，改革也包含稳定因素，改革本身也是一个过程，它有一定的阶段和步骤。改革中的一些政策、措施等都需要一定的稳定性，便于评价、观察，最终形成新的稳定状态。

其次，稳定与改革有相互转化的趋势。高等教育管理体制和过程的相对稳定，使得高等教育管理活动在一定时期保持着相对平稳的状态，高等教育系统按它的内在发展规律运行，但这并不意味着高等教育系统会按照惯性持续永久地运转下去。其实在平稳表面的背后隐藏着各种矛盾，当它们累积到一定的程度时，就会导致改革的发生

如果改革冲破了旧的体制，建立起新的体制，发生了质的变革，重新与外界的环境、与高等教育系统发展相适应，就又进入了一种新的稳定状态。总之，稳定—改革—稳定的转变过程，预示着高等教育管理活动不断由低级向高级发展，保证了高等教育系统的健康运转，如果这种转变过程的结果不是发展，不是前进，那么，这种变革就是错误的，甚至是失败的。

四、社会效益与经济效益

高等教育的经济效益在市场经济体制下是必然存在的，它不可避免也不可强化，要给予它一个合理的定位。从高等教育系统的内部来讲，它是指单位时间内培养人才的质量和数量与消耗资源之间的关系；从高等教育系统的外部来讲，它是指高等教育培养的人才会为社会经济发展创造多少财富。前者可以通过不同高校培养相同质量和数量的人才投入成本的多少来评判；后者可通过高等教育的收益来评判。高等教育系统产生的经济效益主要是社会效益。高等教育的社会效益指的是高等教育活动对整个社会系统长期的、整体的影响。它不仅包括对经济发展的影响，还包括对社会文化、政治、科技等方面的影响。因为社会活动的主体是人，而高等教育又是培养优秀专门人才的活动，接受过高等教育的人对社会活动有着更为深远的影响。此外，科学技术是生产力发展的决定因素，也是社会发展的关键性因素。高等教育不仅培养人学习先进的科学技术，还发展科学技术，人与科学技术相结合是社会进步的重要因素。高等教育可以产生重要的社会效益。高等教育的经济效益在一定程度上是可以量化的。

美国经济学家舒尔茨运用教育资本储量分析法，探讨高等教育管理与大学生创新能力的培养，研究了教育对经济发展的影响，发现教育水平的提高对国民经济增长的贡献是33%。这方面的国际研究还存在继续深化的问题，国内研究尤其薄弱，主要是重视不够。高等教育的社会效益往往是难以量化的。因此，我们既不能用可以量化的高等教育的经济效益来简单地替代整个高等教育的效

益，过分强调经济效益，忽视社会效益，又不能以高等教育的社会效益不可量化为理由简单地否定对高等教育经济效益的研究。与其他经济现象相比，经济学对整个工业化的社会效益也不能加以测量，虽然数量化是经济学很重要的部分，但经济学也只是部分数量化的学科。教育亦如此，当然，在程度上两者存在着很大的差异。

高等教育管理中的经济效益和社会效益是辩证统一的。首先，社会效益包含经济效益。高校管理中，需要重视经济效益，要在有限的资源条件下加强成本管理，提高经济效益，进而保障社会效益的实现。其次，社会效益与经济效益相互促进。在高等教育管理中，办学效益应该体现在社会效益上，经济效益与社会效益是相互促进、相互联系的，经济效益的提高为良好的社会效益提供了保证；而良好的社会效益为经济效益的提高创造了前提。高等教育管理中，社会效益是长期行为，而经济效益是短期行为，这就需要从提高社会效益的角度来寻求合理的经济效益。

第二章　国外高等教育的管理与启示

在21世纪，作为提高国民素质的直接途径和有效手段，高等教育已经成了各个国家各项发展环节中的最主要的问题。高等教育的管理是高等教育发展的核心问题，它主要管理学校、政府和社会三者之间的关系。我国关于高等教育的研究主要参考西方的理论，因此，应该分析国外高等教育管理的现状及特点，这有利于中国高等教育的发展。本章分为国外高等教育管理相关内容和对我国的启示两大部分，主要内容包括英国、美国和新加坡的高等教育管理体制、特点以及三个国家高等教育的管理对我国有何启示等。

第一节　英国的高等教育管理

一、英国高等教育管理体制

英国的高等教育水平一直处在世界领先位置，而且英国一直以来都以建立世界一流的高等教育体制为国家的教育目标，这在很大程度上推动了英国政治、经济和社会的发展。近代以来，在高等教育模式的指导下，英国出现了牛津大学、剑桥大学等一批世界一流的大学，同时也培养出大量的杰出人才。其中，仅仅剑桥大学这一所高校就培养出了120位诺贝尔奖获得者。正因如此，有很多的海外学生被英国良好的教育质量吸引，纷纷进入英国的大学深造。海内外优秀学生的大量云集也更有力地推动了英国国家竞争力的提高。英国对高等教育管理体制的探索，对我国高等教育的发展有十分重要的借鉴意义。

（一）管理体制概况

政府在宏观上进行引导、各个高校进行自治是英国高等教育管理体制的核心。英国政府明确表示：在高校发展过程中，政府要避免管得过多、做得过多，不能妨碍高校的自主运营。英国的教育部只负责制订宏观的教育政策，而制订具体细则并落实的工作是由其他独立机构来完成的。当然，这些机构是由教育部组建的，包括英国教学质量评审署、高等教育与研究协会，等等。在英国，直接面对高校的是这些独立机构，它们服务于高校，为高校提供资金支持，并且负责监督高校的政策执行，同时负责评估高校的政策执行情况。通过资金支持、外部评估与审核等手段提高教育质量是它的最终目标。

（二）高校内部管理体制

委员会决策下的校长负责制是英国的高校内部管理体制，学校发展战略的制订、学校各种事物的决策是由学校各个层级的委员会负责的。由校长领导的行政体系负责对学校进行管理。英国政府曾对高等教育进行过一次重大改革，所以，在管理体系上，改革之前建立的高等院校和改革之后建立的高等院校会有所不同。这些不同主要是学术评议会和大学理事会在设置方面的差异。改革之前建立的高校主要是以自身的情况为依据来确定委员会的规模和人员的构成，而改革以后建立的高校是以《继续教育和高等教育法案》的要求为依据来确定的。而且改革之前的高校负责处理学校事务的是学术评议会；改革以后的高校，负责处理学校事务的是它的理事会。

1. 委员会的构成

（1）名誉理事会

名誉理事会其实就是英国高校沿袭下来的名誉委员会。它每年只召开一次大会，一般都是在春季，主要负责大学名誉校长的任命、大学校长年度报告的听取；审读大学校长提供的年度会议记录，并审核大学校长提供的财务账目等。

（2）大学理事会

大学理事会是整个学校的最高权力机关，由该大学的校内专家和一部分校外专家构成。它主要是负责经营和管理这个大学的各种教育资源，确定可以授予名誉学位的学生名单和大学理事会下设的附属委员会成员的名单，还负责任命校长以及其他的重要官员，评定教授职称，同时也接受该校学生的最终投诉并进行有效处理。

（3）学术评议会

学术评议会是主要负责大学中的学术管理的重要机构。它的主席由该学校的校长担任，成员是由各个学部的部长、资深的教授、各个学院的院长以及被推选出来的教师和学生的代表组成的。学术评议会主要负责的是对该校学生考试成绩进行审核；对学位授予专业和对学术科研项目的专项支持进行审批。

学术评议会不仅能直接管理大学教学委员会、大学科研委员会和大学实业委员会这三个委员会，还能协助管理高级管理委员会。不同的三位副校长分别担任教学委员会、科研委员会和实业委员会的主席，还要向学术评议会定期提交某阶段的工作报告。教学委员会负责一切与教学有关的事务，包括设置学科课程、评估教学质量和制订相关教学政策与学校教学战略规划等。它每个学期都会召开 2 次会议。科研委员会负责处理所有与科研政策有关的事务，包括管理所有的学术资源，管理所有的科研信托基金等。它每个学期只召开 1 次会议。实业委员会主要负责学校的实业管理，它也是每个学期只召开 1 次会议。

（4）高级管理委员会

其实，在英国，大学的真正的权力部门是高级管理委员会。该委员会的主席也由大学校长担任，其成员包括大学副校长、各个学部的部长、学校的各个管理部门的主任以及与学校平级的各个管理部门的主任。高级管理委员会是每两周便会召开 1 次会议，主要负责订定大学中各个领域的政策，为与资源配置有关的内容提出相关建议，重点关注学科规划；负责与招生和研究经费战略委员会一起商定各个系、学部招收学生的数量；负责与英格兰高等教育拨款委员会联系。

（5）战略与财务委员会

战略与财务委员会不仅直接负责管理发展委员会、信托基金管理委员会、项目委员会等，还会管理学校设备、校园农场、员工养老金、师生员工的健康与安全等，同时还负责学校的投资等相关事项。

（6）服务政策委员会

服务政策委员会负责直接管理职业指导委员会、学校联合委员会的有关事项；管理乡村生活博物馆、大学健康服务中心的体育设施等；负责处理校纪投诉等。

除了上述六个机构外，英国高校还普遍设有审计委员会、酬金委员会和任命委员会等其他机构。

2. 行政管理体系

英国高校的管理机构设置与中国高校的有一些区别，英国高校的管理机构是以学部为单位设立的。例如，雷丁大学在学院一级之上设了艺术与人文学部、社会科学部、生命科学部和科学部这四个学部，在这四个学部之下一共设立了 20 所学院，在这 20 所学院下面还设立了相应的系。同时还设立了 5 个与学部平级的专门行政单位，包括学术中心、设备管理中心、财务中心、信息中心和学生服务中心。

在英国，学校的最高行政长官是大学校长。此外，还有几位副校长分别负责管理不同的工作。还是以雷丁大学为例，在雷丁大学有的副校长分管科研，有的分管学校资源，有的分管人事，有的分管校园规划，还有的分管教学、质量评估，等等。每个学部都设有学部主任，主要负责管理该学部的行政事务，除了学部主任外，还设有副主任和行政办公室协助管理学部内的各种行政事务。学院由学院院长负责，在各个学院也设有行政办公室，负责处理学院内各种各样的事务。在学院下一级是各个相关的系，每个系也都设有系主任。每个学校的工作都会按照层级向下分配，首先是由学校分至各个学部，然后再由每个学部分至各个学院，最后再由每个学院分至各个系。

二、英国高等教育管理特点

英国高等教育管理随着高等教育改革的深入发展，出现了很多新的发展趋势。在英国，政府与高等教育之间的关系也发生了些许变化，高等教育的整体结构、管理以及它的资源基础等也随之发生了变化。

（一）坚持大学自治和学术自由

在中世纪，英国大学的理想与传统就是大学自治和学术自由。那个时候，英国大学不是由国家创办的，也不受国家管理，但是可以受国家保护。随着社会的进步与高等教育的发展，英国政府虽然进一步加强了对高等教育的管理，但依然没有摒弃坚持大学自治、学术自由的精神。更何况英国政府本来就是宏观管理和引导高等教育的发展方向，对于学校的日常事务，除了一些必要的特殊情况会与学校协同处理外，其他的都由学校自己处理。因此，虽然英国政府设有相关机构对学校校务进行限制，但是与其他国家相比，英国学校还是享有很大程度的独立自主权的。

大学自治、学术自由不仅是区分大学与其他事业机关的根本标准，还为大学学术研究和学术创新创造了重要条件。英国的高等教育能够拥有较高的独立自主权与英国特定的社会文化是分不开的。英国人认为最好的教育管理就是给予被管理对象充分的独立自主权，让他们根据自身的实际情况，用自己的方式处理事务，最终达到最佳的效果。除非处理方式有十分明显的偏差，否则政府就不应该进行干涉。他们还认为学校也是小型的社会，在这个小社会中，给予自行计划、自由选择的权力，才是学习的最有效的途径，才更符合民主社会的要求。总之，无论在什么时期，英国高等教育都会坚持大学自治和学术自由的理念。

（二）加强对高等教育的控制和管理

当今世界，经济全球化、政治民主化以及教育国际化趋势越发明显，所以在现代化发展进程中，各国的高等教育管理也呈现出很多共同走向，基本趋势就是，分权—集权—分权，在西方这种趋势更加明显。

英国政府在1919年就成立了大学拨款委员会，给所有大学划拨经费。当然，这样的话政府必然要过问经费的使用情况，由此开始，英国政府逐渐加强了对大学的干预。传统的完全的大学自治或许向来都不是绝对的，因为要达到完全的自治的话，在经费上就要做到完全独立，而大学是不可能做到经费完全独立的。之后英国政府又多次制订高等教育发展政策，不断加强对高等教育的管理。而且成立了高等教育基金委员会，该委员会负责给各个大学划拨政府规定好的经费。这个委员会虽然是政府和大学之间的中介组织，但是它还是靠近政府一方，可以说是政府的意志执行者，最终成了政府干预大学的合法机构。总而言之，英国逐渐将管理大学的权力集中至政府，不断加强对高等教育的管理和控制。

（三）推行市场化管理模式

市场化就是按照市场的运行机制和运行规则，对各个领域的资源进行配置。高等教育管理市场化就是根据市场的要求合理配置教育资源。现代高等教育的原则已经涵盖了一些市场要素，如竞争性、服务性等。这些要素对大学也产生了一定程度的影响。英国的教育管理市场化改革主要在以下几个方面有所体现。

1. 招生

英国认为在个人愿意的情况下，每个公民都应该接受大学教育，所以英国政府鼓励大学招生，招生越多，经费越多，这样做的目的就是将大学推向市场。因此，英国大学为了增加经费，不断增加招生人数，导致每年招生的平均增长率严重超过了政府目标。而大学之间的竞争也愈发激烈，并且产生了一些负面效应，所以政府也不得不采取一些限制。

2. 经费

现代大学的教学规模不断扩大，教育经费也略显紧张，各个大学之间的竞争也是越来越激烈。英国政府为了保证各个大学之间的公平竞争，将教育经费划分成了两个部分，一个是核心部分，政府会根据学校的不同划拨固定经费；另一个是边际部分，这部分经费的划拨标准是招收的额外学生数、教育质量和研究质量。同时，英国政府也鼓励大学从外界获取经费，以增强自己的造血能力，并且大学还能获得与外界经费相匹配的政府经费。

3. 教师聘任

引入临时性研究人员或者教师，对教师管理的市场化起到了一定的促进作用。现在，有越来越多的校外教师和科研人员加入了大学的教学或科研工作。英国在 1988 年颁布了教育改革法案，其明确规定取消学术教师的任期终身制，并且成立大学基金会这一新的拨款机构，而且这个机构的成员都是非高等教育界的人士。

总而言之，虽然市场化管理是英国高等教育管理的重要特征之一，但这并不能说创立市场机制就是建立自由市场。英国政府为了防止出现市场失灵现象，一直利用各种手段对高等教育进行宏观管理，避免造成严重后果。

（四）具有三位一体的监控体系

三位一体的监控体系主要以拨款、立法和评估为主。英国政府从来都不是直接干预各个高校的事务，而是利用这个监控体系来监控高等教育的发展及质量。

1. 拨款

英国政府为高等教育划拨经费，实际上就是加强对高等教育的监控。一般情况下政府会以社会各方面的发展需要为依据，制定出若干科研项目，促使各个高校前来竞争，进而让高等教育往政府希望的方向发展。尤其在削减经费的时候，这种发展趋势会更加地明显。英国政府曾经也尝试用这种小规模的经济刺激来控制高等教育系统。随着社会的发展和国际形势的变化，政府也会继续为大学划拨教育经费的主要部分，而且会不断扩大教育经费投入额度。这样做的目的就是使大学的经费保持在一个相对稳定的状态，使大学增加科研项目、提高科研质量。

2. 立法

英国的共同理念就是依法治国、依法治教。早在剑桥大学和牛津大学裹足不前时，英国政府就曾经委派皇家委员会进驻这两所大学进行调查，并颁布了《剑桥法》和《牛津法》，虽然这两个法与现代真正意义上的法律有所不同，但这也足以说明英国政府坚持依法治教。而在第二次世界大战之后，英国也相继颁布了几部与高等教育相关的法律，这有力地推动了英国高等教育的发展。数百年来，英国发布了不计其数的教育法规和教育文件，都体现着英国政府通过立法等手段对高等教育的发展进行有效调控。

3. 评估

评估是保证教育质量的重要手段。放眼世界各国，英国的高等教育评估体系是相对完善的，而且也的确对教育质量的提高起到了很大的促进作用。这个评估体系主要包括 4 种，高校内部的自我评估、代表政府的高等教育基金会实施的评估、代表大学校长委员会的高等教育质量委员会实施的质量审核、社会评估。而到了 1997 年，高等教育基金委员会和高等教育质量委员会进行了合并，组建成了英国高等教育质量保证署这一新的教育质量保证机构。因为综合评估的结果会影响政府经费和学校声誉等，所以各个高校都非常重视。政府有时候也会采取其他的调控手段，但是使用频率会比较少。

总而言之，尽管有些学者会批评这种体系，但是具有完善的三位一体监控体系依然是英国高等教育管理的特点之一。

（五）社会团体参与高等教育管理

英国不仅是一个法治国家，还是一个崇尚民主的国家。英国政府在对高等教育实施宏观管理时，也非常重视其他社会专业团体的意见。在英国也有多种教师联合会，他们对高等教育的发展也有不小的影响。他们不仅可以在教育改革中提出一些意见，还可以为教师等教育工作者争取利益。除了这些教师联合会以外，其他教育委员会也负有相关的教育责任。这些机构也都能在一定程度上影响英国的高等教育管理。

上述的这几项是英国高等教育管理中的几个主要的特点。这几个特点是与英国的历史、政治、经济以及传统文化相适应的，随着经济全球化和教育国际化的不断推进，每个国家的高等教育发展都会受到其他国家的影响。因此，英国高等教育管理的经验及特点对我国的高等教育管理改革有一定的借鉴意义。

第二节　美国的高等教育管理

一、美国高等教育管理体制

美国可以说是当今世界上高等教育最发达的国家，不仅拥有一批无论是教学还是科研都处于世界一流水平的大学，还拥有完备的高等教育管理体制。

（一）管理体制的现状

美国最开始颁布的宪法中并没有提到教育，是后来的宪法修正案把教育管理权从法律上划分给了各州。下面主要从两个方面介绍美国高等教育管理体制的现状。

1. 高校管理体制

高等学校管理体制也就是高等学校的管理制度，它的核心是高等学校的领导体制。美国高校的领导体制是由董事会领导的校长负责制。

（1）董事会

在美国，基本上每个大学都有属于自己的董事会。董事会重点负责本校的财政和资产，处理校内人员的关系以及学校与社会各界的关系。它很少介入具体的教学工作和学术管理。董事会成员主要是对高等教育感兴趣或者有一定社会威望的校外人士，来源一般是政府官员、企业重要领导等。有些大学的校长也可以成为董事会的成员，甚至可以出任主席。董事会会设立各种下级机构，分别处理学校的投资事务、发展事务以及学生事务等。虽然董事会可以全权处理学校的各方面事务，但董事会一般会把某些权力交给学术评议会，这些权力基本是学术政策以及各种规章制度的制定权力和学术事务的管理权力。

（2）校长

校长肩负着学校良好经营必需的各种职责，是大学行政管理的最高负责人，由董事会选定，接受董事会的领导，并且向董事会负责。对待上级，校长要在制定政策时提出建议，还要定期汇报下级情况；对待下级，校长要贯彻执行上级制定的政策。在学校内部，校长代表董事会处理学校的各种事务，并且拥有最后的决定权；在学校之外，校长代表学校与社会各界沟通，了解外界的各种关系渠道，了解社会的需要，积极争取社会各界的支持。每个学校都设有多名副校长，他们主要是协助校长工作，规模大的学校副校长的人数也会比较多，会分管不同的学校事务；反之，副校长的人数也会比较少。

2. 行政管理体制

高等教育行政管理体制是国家或政府的高等教育管理制度。在美国，联邦政府负责对高等教育管理进行宏观调控，地方政府负责协调指导，统筹管理。

（1）联邦政府

多年来，美国的全国教育向来都是在教育总署的指导下进行的。后来，教育总署才正式成为内阁级的教育部。教育部的主要功能是对联邦的教育投资进行管理，大力推进教育研究，收集教育情报、分发教育资料，以便对全国教育实施正确的指导、为全国教育提供更好的服务。在美国，联邦政府也不能直接管理高校（不包括个别军事院校），只能通过立法、信息服务、财政资助等方式来影响高等教育的发展，也可以在一定范围内控制高等教育的发展方向等。随着教育全球化进程的推进，高等教育对国家的影响不断扩大，联邦政府也通过上述方式不断加强对高等教育的影响和控制。

（2）州政府

在美国的国家权力中，州是极其重要的一级。美国宪法将教育的管辖权划给了州。因此，州政府可以行使这种管辖权，可以直接影响本州的高等教育管理。

①州立院校。虽然各个州的高等教育管理方式都有所不同，但基本都是利用州高等教育委员会来行使权力，这种权力基本包括两项：一是批准州立院校的建校规章；二是为新建州立院校发放许可证。这两项权力在很大程度上影响了州立院校的性质以及教学任务等。除此之外，州立院校的教育经费也基本都是由州政府提供的。还有一些州规定，要由州长任命本州院校的董事会成员，大部分州也都会制定关于这些州立院校的课程标准等方面的法律法规。

②私立院校。作为自治机构的私立院校虽然不需要政府提供经费，但也不能自由建立。它必须在得到州政府发放的执照的情况下才能成立，而且还要由州政府规定其首届董事会成员名单，并决定选举董事会成员的方式。部分州还对私立院校的课程以及目的等都设立了法律或规章制度。

（3）鉴定机构

与很多西方国家不同，美国政府并没有制定统一的教育质量衡量标准，而是通过建立民间鉴定机构，来保证高等教育的质量。

这些鉴定机构不仅负责某个高校本科和研究生课程标准的制定，还负责确定对所属院校及其课程的评价程序和评价方法。为了保证高等教育的质量，鉴定机构会对所属院校及其课程做出一个最初的评价并对其进行定期复查，如果它们达到了规定的课程标准，则会定期公布名单给予公开承认。联邦政府和州政府都是依靠鉴定机构来确定给予资助的院校和课程计划的，因此，这种非官方鉴定机构，也在一定程度上保证并提高了美国高等教育的质量。

（二）管理体制的特点

1. 政府间接调控

美国政府采用宏观引导和间接调控的方式来管理高等教育。联邦政府通过立法、资金支持、信息服务等方式对高等教育实施管理，不仅如此，州政府对高等教育的管理也趋于间接管理，州政府也不直接参与学校的运行，学校的重大事项的决定权在董事会；州政府主要是利用一些方式或手段对本州的高等教育进行统筹管理，这些方式包括分配教育经费、管理教学项目、收集高校信息、处理本州高校之间的关系、处理本州高校与外界社会之间的关系等。因此，间接调控这一特点表现得十分明显。

2. 高校民主管理

美国的高校具有民主管理的传统。每个学校都设有民主管理机构来参与管理工作，这种管理机构就是各种委员会，处在学校这一级别的主要有两个。一个是校务委员会，它主要负责为学校发展、教育政策、学术政策以及师生利益等方面的问题提出建议，并且制订出具体的解决办法；另外一个就是教授评议会，主要负责探讨学校的大政方针，讨论教师对学校发展提出的建议，并且提出基本主张。它在一定程度上促进了教师参与到学校管理中，同时也在维护教师权益方面发挥了重要作用。此外，在其他各级也都有这种代表某种群体利益的组织，他们可以将某种群体的诉求反映给学校，并与学校交涉，解决一些具体问题。由此可见，美国高校的管理也体现出了民主性的特点。

3. 高校办学自主

美国的高校拥有很大程度的办学自主权。高校可以完全独立自主地聘任教授、设置课程、筹措经费等。当然这种自主不是独裁，这些都是在董事会的领导下进行的。因为董事会的成员基本都是非教育界人士，所以这有利于将社会各方面的意见都汇集起来，以确保大学办学决策的科学化和民主化，以便更好地满足社会的各种需求。这种自主权有效激发了各个高校的办学积极性，确保了大学可以更灵活地适应社会环境，在一定程度上促进了美国高等教育的发展。

4. 社会广泛参与

在美国，除了政府教育部门以外，还有很多社会上的学术组织和鉴定机构参与高等教育的管理。此外高校的决策还受到传媒和选民意见的影响。美国选民的税收有一部分会投入到公立大学的教育中，因此公立大学也成了美国各个州内最大的公益事业，并且大学的专业建设、经费分配等也会受到广大民众的关注。鉴定机构的评估结果，尤其是每年公布的高校名单，也使各个高校之间的竞争更加激烈，促进了高校的发展。所以，在美国影响高校发展的因素来自社会各个方面，社会参与的广泛性特点也表现得十分明显。

二、美国高等教育管理特点

美国是世界公认的强国，它的高等教育水平也处于世界领先位置，为美国的经济、军事等做出了重要贡献。美国拥有很多世界一流学府，接受高等教育的人口比例也是全世界最高的，高等教育体系也是领先于世界的，正因如此，美国吸引了世界各个国家的优秀人才，他们为美国各方面的发展提供了强大的智力支持。美国的高等教育不仅是国家公民的福利，还是社会发展的动力。因而，美国的高等教育管理的特点也表现得十分鲜明。

（一）自治性

美国高等教育的一大特点就是美国高校拥有高度的办学自治性。对美国的科研创新和科学技术产业化来说，这一特点起到的作用尤其重要。英国崇尚大学自治和学术自由，德国坚持教学与科研并重，而这两个国家的高等教育深深地影响着美国的高等教育。当然，如果只是继承的话，美国的高等教育也不会发展到这个高度，美国做得更多的是以英德两国的高等教育为借鉴，结合本国实际情况进行创新发展。同时，美国是移民国家，传统约束力比较少，因此，美国的办学自治性要高于英国。高度的办学自治性也是美国高等教育领先世界其他国家的一个重要原因。

（二）科学化

从宏观上来说，美国高等教育的管理是控制办学规模、制订教育政策等。那么，从微观上来说，美国的高等教育管理则是对招生、保险和日常事务的管理等。美国在微观的管理上一般是规则管理和个案管理相结合。它会制订比较严格的制度，对教师以及学生的各种行为加以约束；同时，它也不会忽视学生的个性发展，每个学生都有各自的特点，它会针对这些特点对学生进行个性化管理。例如，像选课这种活动一般情况下都是在网上进行；也会规定好指标，按照教师的达成情况科学地对教师的教学活动和科研活动进行评价。科研人员的作息时间一般都不是很规律，因此它也不会严格规定科研人员的作息时间，但是也制订了相关制度，对员工的业绩做每周一次的检查，对员工工作的评价也一同进行。除此之外，在管理过程中，人与人的交流也是十分重要的，这能保证对某些问题进行有效的个性化处理。

（三）社会性

美国对高等教育社会性的重视在很大程度上推动了美国高等教育的发展，并且发展到了世界领先水平。传统的高等教育注重的是学校自治、教师自主和学术自由。这些对高等教育的发展既起到了积极作用，又起到了消极作用，它们容易使学校变得更加封闭，甚至脱离社会实践。高校是很多知识型人才集中的地方，它拥有最先进的研究设备，因此，高等教育应该承担一定的社会责任，为社会的向前发展做出应有的贡献。而美国就十分重视这一点，它重视高校与各种产业对接，强调将科研的成果应用到生产之中，积极发展高等教育的社会功能。著名的硅谷产业园就是斯坦福大学将科研成果运用到生产之中才诞生的，斯坦福大学也因此成了世界一流名校。美国虽然重视科研结果在产业上的应用，但是也没有忽视掉基础科学的研究。就单单从每年的诺贝尔奖来看，美国的基础科学研究也一直处在世界领先水平，为美国的强大贡献了一分力量。在美国，大学生除了在学校学习书本中的知识以外，他们还会参加很多的社会活动，并且能够在社会实践中应用所学知识，这也体现了美国重视高等教育的社会性这一特点。

（四）多样性

美国高等教育的多样性特点主要表现在办学层次的多样性、办学类型的多样性、受教育者的多样性以及毕业标准的多样性这四个方面。

①办学层次的多样性。在美国设有初级学院，也可称为社区学院和综合性大学等高校，它们的办学层次是不同的，可以满足不同的学生的教育需求。比如，初级学院主要是培养学生学习实用技术；而综合性大学主要培养的是高端科技人才、研究人才等，而且还可以颁发博士学位。

②办学类型的多样性。在中国是公立院校比较多，而且教育水平也相对较高。而美国与中国不同，它的私立院校多于公立院校，而且私立院校的教育经费十分充足，往往具有比公立院校更高的教育水平和科研水平等。著名的哈佛大学就是私立院校的典型代表。

③受教育者的多样性。众所周知，美国是移民国家，而且优秀的教育水平也吸引各地学生去它们的高校深造，所以在美国高校接受教育的有各种肤色的民众。此外，美国经济比较困难的学生可以直接向政府申请资助，这也增加了经济困难的学生的受教育机会，因此，美国的受教育者既有富人又有比较贫穷的人。当然，身体不健全的残疾人士也有接受高等教育的机会和权利。

④毕业标准的多样性。在美国，可以实行学分制或者非学分制。大部分的高校会选择学分制，但是进大学容易，毕业很难，属于典型的宽进严出，这与中国恰恰相反。美国高校的学生要获得学位的话就得拿到足够的学分，但是学分是很不容易拿的。因此，美国本科生的毕业率十分低，研究生毕业率也不高。个别选择非学分制的高校一般会根据学生的实际需要开展继续教育或者休闲教育等。

（五）人文关怀

美国的高等教育管理十分注重人文关怀。美国指定的 21 条学校教育系统评估准则就包括谦恭有礼，己所不欲、勿施于人等，这也体现了人文关怀这一点。学校的教育内容也是大到授予学位，小到了解学生的心声。它们将教育教学与管理有机地结合起来，在学校设有专门的咨询团开展非学术的咨询活动，当学生在心理或者生活等方面遇到问题时，这些咨询团的专家会负责帮助学生解决问题。此外，还会有精神或法律等方面的专家，他们会定期评议学生的心理、思想等。这样做的目的就是让学生拥有健全的人格。在管理制度方面，学校的各种制度也都十分清晰、规范，使学生们能够更明了地掌握。以上这些都表现出了美国高等教育管理的人文关怀特点。

中国有句话是“它山之石，可以攻玉”，所以研究美国高等教育管理体制，一定会对我国高等教育体制的改革有所启发。

第三节 新加坡的高等教育管理

一、新加坡高等教育管理体制

在新加坡，全国的教育都是由教育部统一管理的，大到教育政策、规章制度，小到教师人事等，都是由教育部及其分局全权负责，学校没有权力干预。在新加坡，教育部是教育的最高管理机构，教育部长是教育部的最高长官。教育部下级设有行政管理局、人事局、学校局等七个部门，分别处理不同的管理事务。

现在，新加坡的教育管理从这种集权模式逐渐转变成了分权模式。简单地说就是，将集权制与扩大学校的自主权有效结合，将单纯的行政领导方式转变为以法律、科学为依据的领导方式，使集权不断转向民主化。教育部在制订政策的时候，注重使学生发挥出个人的潜能，而且强调不断加强基础教育，对学生进行更好的素质教育。此外，还积极推行学校私营化，促进学校自主发展，给予学校更大的独立自主权，使学校的高等教育的发展更具有灵活性。

二、新加坡高等教育管理特点

（一）政府重视信息化管理建设

新加坡作为一个亚洲小国，其信息化程度在世界范围来看却是最高的。当今时代科技与信息发展迅速，以电脑、电视和卫星为主体的现代化信息网络将全世界联结为一个整体。世界性、区域性和全国性信息网络的构建，促使国家间知识与技术的传播更便捷、快速，全球信息一体化的趋势日渐加强。这将从根本上打破国家间传统的地理界限，人们在观念与文化上的隔阂也正在弱化，国家间的交流与融合前所未有地增强。正是基于此，高等教育国际化获得了强有力的技术支撑。而极具开放精神的新加坡早就意识到信息化是教育发展的必经之路，进而树立了信息化管理理念。新加坡利用计算机将政府、学校以及家庭连接成一个整体，形成了一个巨大的通信网络，以实现信息的多方共享和快速交换。一直以来，新加坡都为教育的信息化投入了大量的经费，在政策的实行上也倾向于信息化管理。此外，教育部还为教师提供电脑，以方便教师收集各种资料，更好地对学生进行管理。以上这些都能体现出新加坡政府对信息化管理的重视。

（二）宏观管理与自主管理相结合

新加坡政府采取的是对高校进行统一的网络化直接管理的行政管理体制。在政府的帮助下，高校会建设好外部的信息化环境，与此同时，政府也会鼓励高校建立学校内部信息系统。新加坡的教育网络一般会分为两级，就是教育部和学校。教育部会有自己的网络信息管理中心，高校也会建立独立于教育部之外的校园网络信息管理中心。政府只是引导或者利用高校的管理系统，不会过分干预，更不会利用权力过分牵制学校。利用信息技术可以加强学校与学校、学校与社会以及学校内部之间的联系，更有利于政府对高等教育进行管理。

（三）政府对管理数据进行标准化规范

新加坡政府特别重视发展信息化管理，那么在发展过程中一定会遵循一定的标准，因此，政府也十分重视信息化管理的标准化的建设。新加坡政府会针对各教育信息管理系统的各种相关信息，制订相应的标准，强调对这些系统进行标准化的规范，实行统一化的管理。

第四节　国外高等教育管理启示

一、完善管理体制

中国的高等教育管理中，应该明确各级政府的职能，要求政府实行简政，不能完全大包大揽，更是没有必要自己扛下所有问题，对待学校要多提供相关服务，尽可能少地进行管治，应该积极扩大学校办学的独立自主权。将一些必要的管理权力下放给各个高校，也能在一定程度上激发高校办学的积极性，提高高校办学的主动性，让高校成为可以自主办学的真正的法人实体。当然，扩大高校的办学自主权不是放任高校自由办学，而是在政府的宏观调控下，拥有较为自由的处理学校事务的权力。

二、转变管理方式

中国高等教育的管理方式也应该进行适当转变，信息化管理手段也应该进一步提升。在我国的高等教育管理过程中，高校的行政领导、教师等教职工一直处于被动地位，始终是听从上级管理，服从上级命令。高等教育要想得到更好的发展，就必须转变这种管理者为主导的管理模式，应该将集中管理模式转变成民主管理模式。在管理实践中，应该利用各种方法或手段，如工会等民主管理的组织形式，使教职工积极参与到教育教学管理活动中，并且充分发挥作用，使广大教职工的利益诉求得到解决，进而加快教育管理目标的实现速度，促进教育管理政策的有效实施。与此同时，人的感情因素也是不能忽视的，要让教职工从内心感觉到自己的主体作用得到了发挥。

现在是信息化时代，互联网技术的飞速发展让各个领域管理的效率都得到了大大的提高，管理手段也发生了相当大的变化，当然，高等教育管理也不例外。中国的高校一般分为两种，一是教育部直属院校，二是地方管辖院校。新加坡的信息化管理模式为我们提供了重要借鉴。因此，中央政府和地方政府也应该帮助高校建立好外部的信息化环境，同时鼓励高校建立自己内部的信息管理系统。将互联网技术运用到高校教育管理中，建立高校信息管理系统，使高校可以及时发布教育的相关政策或者教育管理的相关规定，使学生或教职工可以与高校及时沟通，发表一些自己的看法或者建议，进而加强管理者与被管理者之间的沟通，促进高校教育管理的进行，进一步提高管理的效率。

三、创新管理理念

（一）以人为本的理念

教育是面向社会、面向所有人的事业，其中高等教育还肩负着促进民族发展、提高国民素质的重任。因此，高等教育更应该坚持以人为本的管理理念。在高等教育管理中，最重要的一步就是要肯定受教育者的主体地位、突出受教育者的主体价值。受教育者归根结底都是社会人，以人为本的理念就是要求高等教育管理要站在人的立场，从人的角度上去思考问题、做出实际行动。此外，该理念还要求人人共享教育资源，人人参与教育发展过程，使每个活动的参与者都能从高等教育中受益，让每个人都对这种教育的发展前景有所向往。只有符合这些要求，才能培养出更和谐的人，进而促进社会和自然的和谐发展。

（二）社会化理念

教育实质上是一种非营利性事业，它属于社会公共领域，关系着社会的公共利益。因此，教育领域的相关问题应该接受民众的监督，同时，民众也应该有权过问教育领域的问题。中国的高等教育事业已经展现出了大众化的发展趋势，在不断扩张教育规模的情况下，高等教育管理活动不能再仅仅是国家政府和学校这两方面的行为，而应该也让社会的其他力量参与进来，应该面向全社会，集思广益，为学校的活动提供一些建议，为高等教育的管理提供一些建议，为高等教育的发展贡献一分力量。例如，我们也可以建立董事会、成立民间鉴定机构；还可以利用网络设置论坛，发起相关话题让民众进行讨论等。

（三）市场化理念

英美等国家将市场管理机制引入了高等教育管理，而且表现十分突出，这也给了中国一些启示。在中国，如果也引入市场化管理理念，无疑会使高等教育更具竞争性和选择性。例如，政府可以在控制市场的形成和运行的前提下，将一些竞争机制引入高等学校的管理中，比如可以采取教师聘任制，这可以激发教师教学的积极性和主动性；还有人才流动制，这可以充分发挥人才的服务效能；等等。这些都是为了使高校在保持现有活力的基础上，进一步增强活力，从而更好地适应社会的各种要求，培养出更多的可以满足社会发展需要的人才，最终形成一个开放且成熟的高等教育市场。此外，关于专业和课程设置等方面也应该引入竞争机制，要使专业和课程更能迎合市场的需求，在必要的时候应该积极地进行调整。

四、提高管理队伍素质

一方面，中国的高校教育管理者应该更新理念、增加才干，要勇于打破传统，在继承的基础上进行创新，摒弃传统高等教育管理中的弊端，紧跟时代潮流，及时更新管理知识，快速成长为符合时代要求的优秀的高等教育管理者。

另一方面，高校还应该加强建设高等教育管理人员队伍。首先，在引进人才时要综合了解人才各方面的知识和技能的掌握情况。比如，该人员是否具备基本的高等学校教育管理知识，是否掌握了基本的计算机技术，能否熟练应用计算机技术等。其次，关于现有的教育管理人员，各个高校应该注重培养他们的管理能力，努力提高他们的综合素质，可以针对他们的工作岗位，定期组织培训，以便他们更新自己的知识，拓宽自己的技能领域。

在这个经济全球化的时代，每个国家的各个领域的竞争也愈发激烈，各个国家都将培养人才列为国家发展的重点工作。高等教育对一个国家的前途的影响也越来越大，因此，借鉴其他国家的先进教育经验，取长补短会促进我国教育的发展，更有利于我国提高国际竞争力。

第三章　我国高等教育管理的改革与发展

教育关系到社会的发展尤其是高等教育，高等教育管理经过多年的改革与发展，为社会发展培养出了一批又一批的人才。本章分为我国高等教育管理概况、高等教育管理改革与发展趋势、高等院校的领导者三个部分，主要内容有高等教育管理的发展、高等院校领导者的基本要求、提升高等教育管理战略与规划的弹性等。

第一节　我国高等教育管理概况

一、高等教育管理的发展

新中国成立初期，中国民主促进会创建者，中国民主同盟创始人之一，著名爱国人士，语言文字学家、书法家、教育家马叙伦出任新中国成立后的第一任教育部部长、中国高等教育部部长。教育部组建后的第一件事主要是针对新中国成立前的高等学校提出了具体的接管、接收、接办与初步改造的意见，并报国务院审查通过后实施，并在此期间为国家起草教育法律法规的文本，搭建了中国高等教育管理的基本框架。应该说，中国的高等教育管理是按照依法治教的这条路走过来的，虽然经过了许多曲折，随着社会的进步，依法治教、依法治校正进入到一个逐步发展完善的阶段。

新中国成立后，高等教育的体制是建立在计划经济体制下的。高等教育的管理体制一开始就是借鉴苏联的模式，在当时的情况下也只能借鉴苏联的模式。这是由当时的国际背景、政权的交替所造成的，旧的模式必须打破，不可能完全延续，只能是有选择性地沿用，而国际上可以借鉴的也只能是苏联的高等教育管理模式。中国高等教育的管理体制是与国家的政治、经济体制相适应的。

1952年至1953年，高等院校院系进行了调整。主要是为了与当时的工业发展相适应，将重心调整到高等工程技术教育上，这一时期的高等教育主要分为本科与专科两级，在1953年之后才开始招收研究生，但是结构比较单一。

高等学校管理体制主要实行国家行政管理体制，对于高等教育自身管理特点的重视程度不够，导致在后来问题不断地显现出来。从另一个方面讲，这些问题的出现同时也在促进高等教育管理的发展。

1958年之后，高等学校的数量开始大规模上升，高等教育结构也出现了相应的变化。办学形式开始规范化、多样化。全日制、半工半读等形式开始出现，但是数量增长与当时高等教育发展所需资源投入的有限性的矛盾显然是非常尖锐的。数量的增加、教育资源的短缺，导致教学质量下降，一些盲目发展的学校不得不下马。到1965年高等学校数量调整至434所，在校生数也随之压缩。对重点高等学校实行“四定”，即定规格、定任务、定方向、定专业。

20世纪50年代的末期，国际形势的变化，以及20世纪60年代我国开展的“文化大革命”运动，阻碍了我国高等教育的发展。20世纪70年代，国家开始恢复高等学校入学考试制度，我国的高等教育也开始进入重新的发展阶段。全国高等教育自学考试也得到了充分的发展，积极利用社会办学资源与力量，改变了以往传统的办学机制，满足了社会上不同层次的教育需求，开启了高等教育发展的新篇章。

由于经济水平和政治体制的制约，总体上我国高等教育结构多元化发展的步伐是缓慢的。随着高等学校办学自主权的变革、劳动力市场的多元化，针对我国长期存在的地区间经济、教育发展水平的不平衡状况，改变政府办学单一体制，建立一个多元开放的高等教育组织结构及管理体系是趋势。这其中包含密切相关的两个方面的意义：一是高等教育组织模式适应社会、市场的多元需求，形成教育组织体系对社会大环境的全面开放态势，最大限度地开发、利用各种教育资源；二是高等教育管理过程的多层次、多规格，即改革单一的学历教育、精英教育模式和僵化的学籍管理制度，形成学历教育与职业教育并行、精英教育与大众教育共存、各类教育相互融通的网络式高等教育结构。当大学从封闭的“象牙塔”走向开放，高等教育已经成为一项公共事业，它必须为国家的发展目标服务。同时，政府以不同方式干预高等教育，就连最具自治传统的大学也不得不接受政府的调控。

新中国成立以来，中国高等教育基本上复制国家行政的政治、经济管理体制，实行集中统一的管理，虽然也经历了一些变化，但根本性的改变不大。不管中央或地方的权限怎么划分，在新中国成立之后，我国的高等教育统一计划体制依旧占据主导地位。

在这种体制下，高等学校实则为政府的附属机构，权力集中于政府，学校缺乏应有的自主权。政府与高等学校之间的矛盾在向市场经济过渡的过程中显得尤为尖锐。尽管中国高等教育在管理方面做了些改革，截至 20 世纪 80 年代中期，中国高等教育的管理体制并没有多大的变化。

改革开放以来，之所以要对高等教育体制进行改革，是因为这种体制是一种低效率的体制。这种制度在很大程度上加强了政府部门对高等学校管理的控制，促进了整个高等教育系统的协调。只不过是在市场经济的制约下，高等教育系统没有更好地适应市场经济的发展，缺乏制度创新活力。改革体制中的弊端明显大于改革的系统性，形成了管理中权力与信息量的不对称。有必要从根本上调节政府部门与高等教育之间的关系，高等教育的发展不能完全在政府的控制之中，应该转变管理方式。

尽管高等学校的高级行政人员的责任是完全地贯彻、执行政府或上级行政部门的方针、政策，尽管高等学校内部的各级行政人员的任用标准保持着长期的一贯性，但这些并不意味着各级行政人员的地位是相同的，也不意味着他们之间的关系是长期不变的。中国高等学校高级行政人员的特点除了反映一般科层制的一些特征外，也蕴含了具有“中国特色”的高等教育管理的特点。考察多年的高等学校高级行政人员的作用及相互关系的沿革，有助于我们在政府集中管理体制的宏观背景下进一步分析学校内部的权力分配、行政与学术的关系等。结合高等教育发展的一般规律，也许能理解这些因素对我国高等教育发展的制约作用。

在高等教育的投资体制方面，政府一直以来都扮演着投资人的身份，因此形成上下级的隶属关系，伴随着高等教育体制的推进，投资体制开始出现变化。高等教育的投资主体开始出现变化，投资主体变得多元化，尤其是一些民办高校的出现，但是这样的转变并没有引起应有的重视。

高等教学的内部管理体制延续了行政管理模式，参照政府部门的行政机构设置，以行政管理的方式管理高等学校的相关活动。

二、高等教育立法的发展

现代教育立法制度产生于西方近代社会，在 19 世纪初得到发展。教育立法以学校为中心，其主要目的是保障私立学校的教育自由，具有代表性的例子是英国于1862年制订的《教育规程》、美国于1789年制订的各州教育法、法国1848年宪法中有关教育部分的条文。19世纪末20世纪初是西方资本主义国家广泛开展教育立法的时期。为了加强对教育的管理和控制，教育立法备受重视，大量与教育有关的法律和法规被制订出来，具有代表性的法规有英国1870年的《初等教育法》和1918年的《教育法》、美国弗吉尼亚州1870年的《教育法》等。第二次世界大战结束以后，教育立法进入了普遍推行和迅速发展的阶段，为了使教育更积极主动地适应整个社会的发展，教育立法开始深入到教育的各个领域，许多国家不仅从宪法的角度对教育的功能、制度、性质、形式及公民受教育的权利等做出了明确的规定，还力图通过制定教育单行法来对宪法的有关教育条款进行补充。例如，日、美、俄等国都制订了教育基本法及与此相配套的学校教育法、社会教育法、教师教育法等，从而形成了一个互相衔接、严密完整的教育法体系。

新中国成立之后，高等教育的立法主要经历了以下三个阶段。

第一阶段，新中国成立初期的高等教育立法。以《中国人民政治协商会议共同纲领》及1954年制订的新中国第一部宪法为依据，参照其他国家有关高等教育管理的经验，由教育部颁布了一系列包括各类学校暂行规定在内的教育法规，对旧的教育体制逐步进行改造，为新的教育体制的建立做了许多基础性的工作。这类法规对新中国成立初期教育体制的建立起到了推动和促进作用。这一时期没有出台独立的教育根本大法，独立的、系统的高等教育的专业法律也没有。

第二阶段，高等教育大调整时期。受到当时经济发展的影响，也为了纠正学习外国经验中的错误，教育部陆续出台了相关的法规制度，这些制度总结了新中国成立以来有关于教育方面的得失，明确了各级学校的工作方针，推动了教育的发展。

第三阶段，高等教育立法的高速发展阶段。1980年之后，我国在高等教育立法领域迎来了发展的春天，一部部有关高等教育领域的法律条文相继出现，还制订了数量相当的地方性教育法规。这些法律法规的出现，完善了我国高等教育立法体系，规范了高等教育的发展。

第二节 高等教育管理改革与发展趋势

一、提高高等教育的开放程度

高等教育管理改革已经成为一种必然，根据高等教育发展的一般规律，高等教育改革与我国的政治制度、文化传承、经济发展都有着一定的联系。中国的高等教育与社会的发展步伐与方向是一致的。政治制度、文化传承、经济发展也会对高等教育的发展产生影响，时代的发展对于高级人才的需求也越来越明显，对高等教育也提出了更高的要求。高等教育在发展过程中，也要做出适当的变革，提高开放程度，改革管理模式与方法，等等，还要在思想上形成正确的认识，把握高等教育发展趋势，运用先进的管理方法与技术进行管理。

中国高等教育发展得益于改革开放这一伟大的举措，没有改革开放就没有今天的中国高等教育的发展成果。经过改革开放，中国看到了自己的不足，也看到了与国际上发达国家的高等教育的差距，只有打开国门，才能引进先进的教育理念、管理理念、技术方法。

（一）管理思想观念的转变

通过了解国外高等教育，对比我国的高等教育的发展现状，对我国的高等教育管理形成客观的认识，转变传统管理思想，将外国一些先进的教育思想融入我国的高等教育管理之中，促进我国高等教育管理的发展。

（二）法制体系的建立和完善

打开国门，可以看到发达国家高等教育管理的法制体系优势，能够间接地促进我国高等教育法制体系的建立与完善，使其朝着规范化、合理化、制度化的方向发展。

（三）管理功能的完善

计划经济体制下的高等教育管理的功能是相对单一的。在转变教育思想之后，对高等教育性质进行了更加深入的讨论，高等教育的管理功能开始明朗化。

伴随着国际化的进程，中国的高等教育也越来越国际化，高等教育的开放程度也会更高，想要成就具有国际标准的高校，必须要与国际标准看齐。

一个国家的高等教育水平能从侧面反映出国家的现代化水平，想要进行国际化的交流，必须要实现国家高等教育的现代化，高等教育的国际化，建立国际上一流的高校，形成高水平、高质量的高等教育体系。

高等教育要注重思想意识的开放，思想意识的开放是重要前提，没有思想上的开放，即便是推行改革开放，也不能确保会看到其他国家的高等教育的管理方式。整个国家都处于开放状态，经济自然也会融入全球化的浪潮之中，高等教育的开放也会成为必然的结果。

思想认识上的问题如果不能解决，就不能从根本上解决高等教育的质量与科学研究等方面的问题。高等教育的国际化战略已经成为一种发展的必然趋势，但并不代表全盘国际化，高等教育的开放程度也是有一定的标准的，绝对不是毫无底线的，要尊重中国高等教育的发展事实，不能只为追求速度，而忽视质量，不尊重客观事实只能获得适得其反的结果。

二、提高对高等教育管理者的要求

（一）专业化

在社会发展如此迅速的今天，管理人员在迅速地更迭，现代高等教育组织的变化也十分迅速，一个想要在高等教育管理方面有所作为的人必须要接受本部门相应水平的专业训练，这样才可以更好地发挥出管理的作用。

1. 专业的思想与方法

现代高等教育的管理者必须要清楚地认识自己所从事职业的特点，伴随着社会对高等教育管理的专业化要求越来越高，不管是理论知识还是管理技术、方法都要体现出专业性。

现代社会的科学技术的发展，为高等教育专业化管理提供了基础条件，高等教育管理者的工作本身就比较复杂，更加需要专业的思想与方法。

2. 高等教育资源的专业性

高等教育资源的专业性对高等教育管理者的专业要求越来越高。不管是在物质建设层面还是在人类资源管理方面都提出了更高的要求。

3. 社会多元系统对高等教育管理者的影响

社会多元化环境的复杂性要求高等教育管理者具有更加广阔的、长远的视野。高等教育在发展的过程中受到了社会多元化的影响。高等教育对学生、教师、教育工作者、政府、社会等都提出了不同的期望。

高等教育系统的构成、运作方式、管理模式也会受到其他系统环境的影响，高等教育系统在解决问题时一般会借助其他系统的管理理论与方法。

伴随着国际化进程的进一步加快，多元化也不再局限于一个区域、一个国家，已经形成一种全球化的多元化。这就要求高等教育管理者要具备全球化的管理思维与管理方法。

（二）高学历化

高等教育管理的专业化要求越来越高，高学历的管理者逐渐成为高等教育系统管理层的构成主力。

各个高等教育的管理者一般都具有一定的高学历或者是具有高级的技术职称。学历高的管理者受到了各个高校的喜爱，虽然重视高等学历，但并不代表只重视高等学历，高等教育管理者在管理中应该名副其实。

近年来，很多高等学校注重聘用一些高层次人才来担任学校的领导者，高学历的人才接受的教育更加全面，可以应用先进的管理思想、管理技术、管理方法推动高校的发展。追求管理者高学历化的原因主要有四个。

1. 教育系统优化的需要

自我国 1982 年颁布《中华人民共和国研究生学位条例》之后，我国的硕士研究生与博士研究生的数量就开始逐渐上升。国家还会派遣学生在国外继续深造，高学历的学生进入高等教育系统之后，就形成了高等教育系统的优化。

管理者在学历层次上如果存在较大的差异的话，就会形成管理上的障碍。管理队伍的高学历化已经成为一种趋势，根据现实的高校招聘的条件就可以看出，很多高校对管理者的最低学历要求是硕士研究生。

2. 提高领导干部素质要求的需要

领导干部中尤其是年轻干部中具有研究生学历的人员越来越多。想要管理好高校的教职工必须要对领导干部提出更高的要求，接受过良好教育的人肯定更加适合管理者的角色。

在 20 世纪 90 年代之后，我国特别注重选择那些德才兼备的人做领导者，他们可以更好地带领学校发展，可以更好地了解教师的需求，工作起来更加顺利。

3. 开展国际合作的需要

改革开放以来，很多高等学校开展了广泛的国际交流合作，很多高等院校都与国外的高等院校建立了联系。开展国际合作，推动我国高等院校与国外高校的学术交流，有利于提高学校的建设水平，培养出更具国际化的学生。而只有具备高学历的领导者才能胜任广泛的国际交流工作。

4. 普通管理者自身的需要

在现实的因素构成中，我国一直都比较重视学历，从社会上的企事业单位的招聘要求中就可以看出，好的岗位对学历的要求都很高。高等院校属于文化教育层次较高的系统，因此对管理人员的要求自然就比较高，学历与工作职能与福利待遇都有着密切的关系。

在社会主义市场经济条件下，好的工作岗位竞争肯定是激烈的。面对竞争，高等学校的管理者需要接受更高水平的知识与技能的培训，提高自己专业化的水平。

处理好高等教育管理者的学历层次与高等教育管理专业化之间的关系。管理者要具备一定的水平，更要具备一定的管理专业化水平。有些具有高学历的管理人员并不一定能胜任高校的管理工作，因为他们缺乏管理的经验与技巧。

在选拔管理者时，要根据岗位的具体要求，结合实际情况选拔出最合适的人。选拔出来的人还会进行相关培训，也会进行脱产进修学习，可以根据进修情况进行提升。

三、提升高等教育管理战略与规划的弹性

高等教育管理战略与规划的弹性是市场经济发展的结果。一直以来我国的高等教育战略规划都是比较死板的，尤其是在长期计划经济的影响之下。要经过相关的实践改革，充分体现出战略规划的协商性、指导性、灵活性等弹性特征。

①协商性。政府可以广泛听取社会各界的意见，尊重高等教育部门与高等院校的意见。政府可以与高等院校合作，开展积极的调查研究，结合近几年来的发展情况对未来发展进行预测。政府不再是单一的主导者，而是通过与社会多方面的协商形成统一的意见，这充分体现了协商性。

②指导性。政府的宏观战略规划只有原则上的指导作用，对学校没有形成法理上的约束，但是依然存在指导性。

③灵活性。政府一般会制订不同时期的发展战略规划，也会根据具体的实际情况选择合适的计划作为对总体规划的补充与调整。在实施的过程中存在很

多不可控因素，出现适当的变化是可以接受的，根据实际情况改变计划体现的就是计划的灵活性。

四、管理制度与程序的规范化

没有任何一所高校可以做到管理工作毫无问题，管理工作肯定会存在规范不到位等问题。管理混乱、高等教育资源利用率低等问题一直存在。很多高校在使用教育设备时不完全按照规定的要求使用，往往会造成更高的损坏率。还有一部分教师的第二职业工作量过多，直接影响了高校的教育工作，但是因为高校并没有严格的规定，因此在出现问题之后也没有更好的解决办法。

没有严格的管理制度，出现的问题就不能得到及时的解决。规范我国的高等院校的教育管理制度十分有必要。与国外一些发达国家相比，我国高等学校管理人员普遍偏多，可以借鉴国外的高等院校管理制度，明确工作规范，严格落实，这样也有利于进行人员考核。要通过制定规范化的管理程序，规范领导者与工作人员的行为。制订规范并不是为了限制谁，而是为了更好地工作，以便出现问题时，可以及时地解决。在制订规范时，切记不可过严，也不可过松。

五、权力结构的合理化

（一）高等学校的权力结构

高等学校管理的权力结构在纵向上分为若干层次，横向上每个层级又分为若干职能部门，形成纵横交错的矩阵式权力体系，这就是所谓的“科层制”。科层制被认为在精确性、稳定性、纪律的严格性和可靠性方面都优于其他组织形式。与社会中的其他系统相比，高等学校的权力结构带有“科层制”的特点，有共同的目标、明确的分工、一定的权威，讲究效率和纪律等，同时又具有自身的诸多特质。对于“科层制”的改造与创新，许多高等教育管理专家进行过多年的探索。

在我国高等学校中院（系）教学行政管理人员常常认为管理者只是为了行使学校赋予院（系）的行政职能而存在，虽然他们往往被赋予处级、科级之类的权力级别，但是，他们的工作往往不能与其教学、科研管理的性质相吻合，而经常忙于一些非学术事务。有统计显示，中国大学的院（系）长（主任）平日时间花费最多的管理是事务（包括教师评价、职务晋升、工作分配、教师福利等）的管理，不少管理人员正游离在与大学管理目标密切相关的教学、科研活动之外。根据这种现象，有些大学对这种院（系）“科层制”结构进行改造，重新分配院（系）总支书记与院（系）首长的权力，让总支书记做事务性行政工作，院（系）首长主要做学术性行政工作，使行政权力弱化，学术权力增强。

在弱化“科层制”中的行政权力，强化“科层制”中的行政服务时，有些大学的校长很聪明地将学校职能部门的管理权力弱化，或者让非权力部门做某些方面的工作，而通过这些职能部门科学的管理、良好的服务来形成他们自己的权威，使权力受到制约，权威受到尊重。

高等学校的权力结构包括权力分配构成的结构和权力执行构成的结构，合理分配学校内部的组织权力，能有效地制约权力的行使，是高等学校权力结构的合理化的改革方向，从目前的环境来看，要想达到这一目标，也是一个长远的阵痛过程。不过，可喜的是目前的这种权力结构可以说正在发生变化，这种变化离不开那些有开拓性的大学校长，他们通过弱化行政权力、重视学术权力、简化权力行使过程，使得高等学校的权力结构更趋合理。

合理放权与合理用权是一门管理技巧。将学校的管理权力运用到“放而不乱、管而不死、用则有效”的水平是一门高超的管理学问，这是一种将学校的管理权力科学地运用到极致的表现，也是许多管理者追求的目标。

（二）高等教育的管理模式

虽然各国高等教育的管理模式不尽相同，但根据西方大学的管理经验，要使高等教育在当今竞争环境中发挥最大作用，提高管理的效益，应使科层、市场和学术团体的管理机构有机地结合起来，使管理的模式更加综合化。

中国大学实行的“科层制”管理模式一般具有这样一些特点：管理的地位、权威性主要由等级决定，“科层制”管理之所以一直被奉为一种有效的管理方式，很大程度上是因为它必须依据一定的规章和权力界线分科执掌、分层负责，但考虑到高等教育“生产”过程的特殊性，有些工作的相互关联度高，这种管理方式易造成整个高等教育生产线的职责分工模糊，于是，科层制极易走向其自身的反面，即官僚主义。常见的公事旅行，办事推诿，效率低下的“贵族化”习气便由此产生。从理论上来说，高等教育系统中各管理层之间由于责权紧密结合，不应该有“贵族化”的管理存在。但事实上，过分强调科层制中的分工，使得一些职能部门将自身的地位异化了，导致管理层次之间产生冲突。例如，监督是高等教育管理中控制职能的重要方面，它通过掌握计划的执行情况，并以一定的措施来防止和纠正偏差。正确的监督应该和保证目标实现的行为联系在一起，也就是说提出问题应该和提出解决问题的办法联系在一起。监督和保证是一个职能不可分割的两个方面。

但是，目前高等学校的现状是实际操作者往往被责备求全，行使监督权的人却可以不负责任地在一旁指手画脚，被监督者的积极性因此而受到压抑，工作难免敷衍塞责，监督者有权无事，实际操作者有事无权，双方以推诿代替了合作。对于学术性很强的高等学校，较为松散的权力组织有其存在的必然性，这就给实行严格的“科层制”造成了困难。

在集权式科层制中，上层高度的控制权往往与中层或下层间相互控制的软弱无力形成鲜明对比，这种模式随着官僚主义的不断膨胀，必然导致组织局部或个体对整体的离心力增强。目前，许多大学已经注意到了这一现象，通过加强对机关职能部门工作的考核与评价，特别是将他们的服务作为考核的重点，而不是将权力的实施作为考核的重点，在导向上尽量避免“科层制”的弊端。同时，在“科层制”中大力提倡管理的服务性，出台规章制度制约“科层制”中的行政权力，形成一种混合式的综合管理模式，这些方面的改革和探索正在深入地进行。

在宏观高等教育管理中，政府加市场的模式正在被学者积极地探索，政府通过立法、经费拨款和评估等手段对大学进行管理。随着我国社会的转型，高等教育管理体制改革的不断深化，高等教育管理中的市场成分必然会有所增加。我们认为，市场本身并不能给高等教育提供一套有效的管理模式，而是通过市场机制的调节作用来影响高等教育的管理。国外较为成功的大学管理经验告诉我们，要让社会上的学者、教育的投资人、专门的教育咨询机构、教育评估机构、其他教育服务组织等参与高等教育的管理活动，只有这样才能促进高等教育管理的公平性和科学性。美国联邦和州政府主要将民间评估机构对大学的评估结果作为对大学进行投资的重要依据。法国全国评估委员会只对自愿参与评估的学校进行评估。但是，大学一般都积极主动地参与评估，因为只有参与评估才有可能获得更多的办学经费。这充分地说明了市场的作用，当然，这个市场不是自由的市场，而是一种有序的、规范的市场。

欧洲在由“精英高等教育”向“大众高等教育”过渡的过程中，在管理上出现了一个重要变化，即随着大学规模的扩大和管理复杂程度的提高，学术管理人员的数量有了很大提高。这个变化，一方面说明了伴随着市场影响的扩大，改革相应管理方式是十分必要的；另一方面也说明在高等教育系统中，学术的力量在管理中的作用日益增大。从大学领导者的角度看，行政领导和学术领导之间的矛盾贯穿整个高等教育的发展历史。近代欧洲国家的大学中，教授的决策权一直很大，涉及职称评定、经费分配等诸多方面。相比之下，校长、院长的作用是象征性的，教授的权力是学术权力的中心。

20世纪60年代后，经过曲折的发展，逐步形成了目前比较成熟的管理模式。中国高等教育的行政管理与学术管理也走过了一段曲折的道路，在一定时期适应了国家经济发展的需要，但也造成了机构庞杂、学校研究功能薄弱等弊端。历史上，我国也实行过几次权力下放，但都是在中央和地方间进行，几乎没有涉及学校及其内部的权力分配。随着高等教育管理体制改革的不断深入，学术的重要性日益突显出来，特别可喜的是，政府已经开始有效地运用学术权力对大学进行管理，特别是在政府的重大决策中、高等教育发展的规划中、高等教育的政策法规中等，学术权力的作用越来越大。

第三节　高等院校的领导者

一、领导者应具备的素质

从两级政府管理来讲，中国高等教育宏观管理模式是党组负责，集体领导。从高等教育微观管理来讲，学校的管理是党委领导下的校长负责制。但实际情况是由于现行管理中的领导人具有很强的行政权威，缺乏管理中的制约机制，或者说制约机制的形成还有一个过程，因此，形成管理中的某些缺位。学校领导的确定不是选聘制，而是指派任用制，指派任用制的弊端就是容易缺乏民主基础，他们一般由组织管理部门考察，也就是由上级考察，由管理部门的领导讨论确定，特别是管理部门的一把手有最终的决定权。所以，领导的确定与上级的领导或组织管理部门有关系，一旦权力产生欲望，一旦权力变味，就容易滋生权力腐败。同时，对于领导没有明确的任期目标责任制，或者有但并没有认真地执行，所以，任用的领导对不对管理活动的结果负责并不重要，但是，必须要对上级领导和部门负责。不论是两级行政管理中的领导，还是高等学校的领导，在高等教育管理活动中都具有举足轻重的作用。由此，从目前中国的状况来看，管理好高等教育可能取决于领导个人的素质和事业心，而不是一种领导工作机制，而往往起决定作用的则是制度和机制。一般来讲，目前中国高等教育的领导者，无论是在个人素质方面还是在事业心方面都是比较理想的，但是，一旦出现问题往往是因为缺乏机制的制约。

既然高等教育领导者对高等教育的影响如此之大，那么，对于高等教育领导者的要求也应该是比较高的。高等教育的领导，特别是主要领导，不论是指派任用制选用的还是选聘制选用的，领导者的个人作用都是不可忽视的。

对于高等教育领导者应具备的素质，近年来已有很多研究。一般来说，把它概括为四个方面：思想品德素质、科学文化素质、专业素质、身心素质。

思想品德素质是领导者应具备的首要素质。它包括思想政治素质和道德素养（职业道德及优良的作风、社会公德及强烈的责任心等）。

科学文化素质是领导者施加影响力的基本素质。高等教育的领导对象是高知识层的人群，因此对领导者的知识素质提出了特殊的要求。一般来说，高等教育的领导者应具备马列主义理论与哲学知识、领导科学与教育科学知识、现代科学文化技术的一般知识与从事某项专业的专门知识，以及由这些知识集成和内化的科学文化素养。高等教育管理的最高境界是科学文化的管理。

专业素质是领导者从事高等教育管理的必备条件，主要体现在专业的能力方面。从某些方面讲，专业素质是科学文化素质的一个表象，具体地表现在领导者的决策能力和组织行动能力等方面，由于高等教育系统的复杂性，要求领导者具有更好的领导技术和技巧，具有更强的平衡协调及驾驭局面的能力。

身心素质是履行领导职务的基本条件。高等教育的领导工作就是协调和解决各种各样的矛盾，有些矛盾的解决具有很强的时效性和刺激性，工作强度有时也是很大的，领导者在科学决策、正确选择、合理解决矛盾的过程中，必须有坚韧不拔、不为压力而动的精神，要有较强的心理承受能力和自我控制能力，同时，还要有强壮的身体，否则，可能什么也干不成。

同时，也有人这样认为，高等学校在改革与发展中，一般都有一个凝聚组织的“核心”，高等教育系统应努力造就具有综合素质结构的领导者队伍。

二、大学校长的行动策略

大学校长要善于给管理系统增加适当的活力。大学校长的职能是管理学校的教育资源，为实现大学的办学目标展开教育管理活动。一位优秀大学校长的首要职责是为大学筹措足够的办学经费，利用自己的聪明才智把学校的系统资源运用到最佳的程度，要使系统资源的运作机制达到最佳程度。作为大学校长，要努力使大学处在不平衡的平衡状态之中，这就是在平衡中有策略地挑起不平衡，通过有效的方法使得不平衡达到平衡，这是一个管理哲学理念。平衡是指大学内部的政策和工作制度保持相对的稳定性，不平衡是指根据人们的心理特点，采取最小搅动原则，通过一种创新性的工作方法与思想，使整个管理系统具有生机与活力，避免管理系统年复一年的“涛声依旧”。

在大学组织管理系统中，决定权和执行权有时比较分散，有时可能导致领导者不想去做决定。而如果管理者不勤政，或者由于个人的利益与组织的利益而徇私舞弊，将造成领导者事实上的没有领导。这样可能导致两种后果。一是责任分摊。由于实行集体领导等方式，校长或主要领导者可以长期依靠一些专门委员会和部门开展工作，而这些专门的部门是为了分担责任而设计的，但由于责任主体不明确，往往会产生问题责任的“分摊”，从而导致没有人负责的结果。二是无所建树。校长或主要领导者如果不实施有效的领导，下属就会将这种“不负责任”的方式传递下去，从而使集体的决定没有达到真正的执行，领导陷于形式，并由此走向一事无成。

大学校长应避免在系统决策中对应该由别人决定的问题做出决定。大学的领导者与工业企业或政府机关的领导人的一个重要区别在于，不能够简单地采取行政手段管理学术问题。例如，应该重视院（系）基层组织的学术管理，尊重基层专业人员对学科专业管理方面的意见，学术的管理要最大限度地实行分权，让学术带头人和学术组织去管理学术的事情，让分管学术工作的副职领导去管理。如果大学校长越俎代庖，不仅将自己拖进了永无休止的工作琐事之中，还会在很大程度上影响他人的工作积极性。大学校长不应该直接决定基层职权范围内的事情，虽然从某个角度看，这些是大学管理中很重要的问题，但是，大学校长应该通过一定的工作程序，明确其他校领导的工作职责范围，用制度加以规范。

领导者要通过足够的“智谋”“涵养”“儒雅”来驾驭系统。领导者必须含蓄，不可轻易亮出自己的观点。处在多种相互矛盾的选择面前，大学校长或主要领导者不能表现出过分的自信（尽管你自己必须有一种超然的自信，但最好不要轻易流露出来）。对于有些急需改革的工作，也许需要有很大的耐心，如果领导者不准备用这种方式来对待和慎重地处理问题，特别是在一些大是大非面前，在一些重要的决策场合，不假思索地急于亮出自己的观点，很有可能适得其反，或者造成难以收拾的局面，甚至失败。

领导者对双重忠诚要学会让步。一般来讲，大学的教授既忠诚于他所服务的大学，又忠诚于他所研究的学科，特别是在两个方面的选择上，大学的教授更忠实于他们所研究的学科，那么，大学的领导者有时面对的是一个复杂的难题，在学校管理的问题和学科方面的问题之间可能要有所取舍。应该说，双重忠诚总体上目标是一致的，在这一点上领导者要有足够的认识。因此，在双重忠诚出现矛盾时应该做出一定的让步，以维持学校内部管理矛盾的平衡。

大学校长要通过自己的人格魅力影响系统成员。人格魅力的影响是一种高级的领导效果，是大学校长的人格品质、道德作风、文化修养、技艺技能、学术声誉等的综合影响。大学校长要有随时修正自己的思想和行为的能力。这是一个十分重要的自省策略，但同时也是一个说起来容易做起来难的行动策略。大学校长的行动策略是很丰富的，远远不止以上这些，随着管理思想和方法的不断创新，优秀的大学校长及其管理策略将会层出不穷。

三、领导者应掌握的领导技巧

（一）注重组织内部的环境因素

组织内部的环境因素是影响组织行动的一个非常重要的因素。环境的好坏，直接影响工作效果的好坏，影响管理目标的实现。假如所有下属都能热忱地、满怀信心地为实现群体目标做出贡献的话，就无须继续研究和发展领导艺术了。但是，不管是由于环境条件的恶劣还是由于领导者的平庸，下属中很少会有人以持续的热忱与信心去工作。因此，对大多数人来说，需要领导营造良好的环境，以激发他们为实现组织的目标而做出贡献。有人说，有良好的士气就等于成功了一半。大学校长或领导者应该懂得使用激励理论和激励方法，极力营造好的环境，让环境体现的性质和力量去满足人们的需要。如果大学校长或领导者具有超凡的激励手段和方法，能激发起下属的忠诚、献身精神及热忱，那么，就能使自己的意图得到实现。

当然，领导者的激励力量在很大程度上还与组织成员的期望值、报酬、要求努力的程度、要完成的工作量及其他环境因素有关。因此，大学校长或领导者的首要任务就是为了顺利达成工作目标而尽量设计一个与组织成员期望值相对应的工作环境，当然，工作环境的设计要恰当，这也是很难把握的，使用不好可能适得其反。在高等教育管理系统中，大学的领导者能够满足他人的诸如地位、权力、金钱或对成就的自豪感等方面的需要，这能使管理活动取得更好的效果。事实上，领导要充分了解下属倾向于追随的那些可能满足他们个人需要的领导者，还要懂得激励其下属的激励因素是什么，以及这些激励因素如何发挥出正面的作用，只有这样，才能产生有效的管理效应。

（二）注重激励的作用

高等教育领导要注重利用激励的作用协调解决组织目标实现过程中出现的问题。由于领导的风格不同，因此他们在解决问题时会采用不同的原则与方法，也会运用不同技术，但是适当的激励绝对是有效的。

1. 激励因素

激励与需求是有紧密联系的，任何动机的产生都离不开对需求的渴望，了解需求是实现激励的重要一步。对于高等教育系统来讲，领导者想要实现有效的激励，就必须要了解高等教育系统的工作人员的动机需求。

激励因素主要有四个：个体成长、工作自主、业务成就、物质基础。只有个体愿意成为更好的自己，领导的激励才有效果，才有激励实现的途径。建立一种工作环境，工作者可以根据已定的方向，自主地完成规定的任务。完成的业务足以达到令人满意的地步，在自己付出一定的贡献之后，应获取相应的报酬。

高等教育领导的对象是人，是高等教育系统中最关键的部分，包括学生、教师、职工等。这些人员的工作的性质、主要任务、需求等都不相同，他们心理需求的类型与性质也不一样。因此可以参照马斯洛的需求层次理论，但是不能完全地照搬照抄，要与自己学校的实际运行情况相结合。

对于教师而言，有良好的工作环境，并且取得一定的成就都是他们的需求。高等学校的教师都是接受过良好教育的人，对于他们而言，这些需求并没有先后之分，只是他们在不同的情景中会有不同的需求。高等学校的领导者在激发教师的动机时，不能忽视教师的需求，更不能忽视教师的特点。

对于普通的在校大学生而言，他们的需求就更加丰富了。有的学生希望自己可以在学术上有所建树，有的学生则希望自己可以拓宽人际交往。他们的需求与教师的需求存在一定的差异。学生的需求更多的是对职业、能力、知识的追求。

需求并不是一个简单的概念。需求本身就是复杂的，再加上需求是一个不断变化的概念，因此成了激励的关键因素，需求的产生可能是有意的，也可能是无意的。因此激励过程必须要灵活掌握。

2. 激励原则

（1）针对性原则

需求的特点与性质，再加上与人类行为的复杂性，要求领导者在实施激励之前，必须要对下属的需求有基本的了解。事实证明，即便是同样的激励措施对于不同类型人实施会产生不同的效果，人的需求不同，自然对激励措施的反应就不同。有针对性地进行激励才可以获得最佳的激励效果。

（2）合理性原则

合理性原则主要是激励的程度要合理，对于表现优异的人要及时表扬，对于做错事情的人要进行惩罚，奖罚分明。对于合理的需求应该加以重视，如果有条件更应该尽量满足。

（3）教育性原则

伴随着人的文化层次的提高，人的需求也会向高层次发展。激励也要向着教育靠拢，改变人的需求结构进而实现激励的最佳效果。激励的教育性原则要求领导者在激励过程中既要注意解决下属的实际问题，又要满足职工的实际需求，进一步提升职工的需求层次。

3. 激励技术

在组织系统中，有很多的激励技术。下面对激励技术进行简单的阐述。

（1）双因素激励技术

双因素激励技术认为，影响人的积极性的因素可以分为两类：一类是保健因素，另一类是激励因素。根据双因素理论，在高等教育中，领导必须要重视物质基础的改善，这是产生积极性的基础，只有这样才可以保障工作的正常进行。

最近几年来，高等教育行业的收入与社会其他行业的差距逐渐拉大，这样就导致高等学校的工作人员的一些基本需求没有得到满足，使一部分教职工心里不平衡，无法专心于自己的本职工作。因此可以看出改善教职工的物质经济条件是非常有必要的。但是如果只是重视对教职工的物质经济条件的改善，也不能完全产生激励作用。

有一部分高等院校的福利待遇优厚，但是并不代表该院校教职工的积极性就高，在改善物质条件的前提下，还要注重对教职工精神层面的满足，尤其是一些专注科研教育的工作人员，相比于物质激励，他们更注重精神激励。

（2）期望激励技术

高等教育领导在运用某些事物进行激励时，必须要评价这一事物对被激励者价值的大小。价值是指客体满足主体需要的程度，只有客体满足主体需要的程度足够高时，才可以产生激励作用。同样的事物对于不同的人具有不同的价值，也就是说不管价值有多大，只有在需求者认为在努力之后可以实现的时候，才会起到激励的作用。比如校内的超工作量奖励，如果指标设置得合适，就算是奖金不高，对于大多数人还是有激励的作用的。

（3）公平激励技术

高等教育的领导者在激励的过程中最应该注重的就是公平，如果员工在某一方面做出了贡献，取得了成就，在适当的时候给予他激励就会产生积极的作用，如果激励的程度大于其他人被奖励的程度，就会使其他人产生挫败感，但是如果贡献大奖励小，那么激励的作用就无法体现。除此之外，领导者还应该注意，有一类人会高估自己的成就，忽视别人的成就，这样的人即便是进行合理的激励也不会有任何作用。

综上所述，在激励时不能确保每个人都满意，但是一定要公正客观，对于做出贡献的职工及时地表扬，既不能夸大他们的贡献，又不能抹杀他们的奉献，让他们在公平的状态下，认识到自己的贡献。

（4）目标激励技术

目标激励是将组织的任务分解成各项具体的目标，将教职工的个人目标与组织目标结合起来，通过对目标进行管理，对员工产生激励作用。目标激励可以帮助员工看到自己的价值与潜力，目标设置得比较细，容易实现，实现之后员工就会产生满足感。将个人目标与集体目标相联系，还会增加员工对集体的信任感，有利于实现员工与领导、同事的沟通。实现目标激励可以分为三个阶段：第一阶段，设置目标；第二阶段，实现个人目标，再实现总目标；第三阶段，评价与测定。

高等教育的总目标是培养人，在高等教育系统中运用目标激励技术，目标的设定必须要合理，要尊重教育规律，鼓励教职工积极参与，目标的评价体系必须要完善，否则就不能达到预期的目的。

（5）强化激励技术

通过对个体的行为进行适当的肯定与表扬，使得个体可以继续保持这样的行为，或者是对个体的行为进行否定与惩罚，使得这种行为逐渐被弱化，这就是强化激励技术。

强化激励技术有物质与精神两种，在运用过程中一定要注意激励的尺度，过多或者过少都不合适。把握激励的尺度，这样才可以实现激励的作用。

四、注重领导的艺术

高等教育的领导艺术是一个内涵丰富的概念，下面结合具体的领导过程来分析一下领导的一般艺术。

（一）领导层的授权艺术

面对科技、经济、社会发展所导致的领导和管理的日益复杂，即使是超群的领导者或领导层也不可能再独揽一切事务和权力。精明的领导者，其职责已主要不在做事，而在成事了。授权乃是领导者成事的分身术，反之，事必躬亲，则必然成不了大事。所谓授权，是指由上级授予下属一定的权力和责任，使下属在有效的监督之下，有相当的自主权、行动权。授权者对被授权者有指挥权、监督权，被授权者对授权者负有报告情况及完成任务之责。大胆授权对各级领导班子是十分有利的，它可以把领导者从琐碎的事务中解脱出来，专心处理重大问题；可以激发下属的工作热情，增强下属的责任心，提高效率；可以增长下属的才干，有利于培养干部；可以充分发挥下属的专长，补救领导自身才能的不足。因此，它也更利于发挥领导者的专长。

授权的范围很广，在人、财、物、事等管理中均有授权行为，它们各有不同特点。但不管哪种授权，都有一些共同的准则应该遵循。一是根据预期的成果规定任务和授权，或者说，为了实现指定的目标而授予职权，“因事择人，视能授权”是授权最根本的原则。二是根据所要完成的任务挑选人员。授权之前，应对被授权人进行考察，力求将责任和权力授给最合适的人，如果一时不能确定，则可用“试用”等方式解决。三是保持信息渠道的畅通。授权者应向被授权者明确传达任务目标及责权范围，并尽量帮助被授权者解决完成工作任务时所遇到的困难。四是建立适当的控制机制，当授权发生偏差时可及时收回权力。五是有效地授权和赋予一定的报酬。除了金钱报酬外，给予更大的决定权通常更有激励性。六是领导者只能对直接下属授权，不能越级授权。例如，校长只能把他所属的权力授给他所管辖的处长，而不能越过处长把权力授给科长，否则会引起“中层波动”。七是领导者不能将不属于自己的权力授给下属。授权既是领导者必备的领导学知识，同时又是一种领导艺术与才能。

如果授权过分，就等于领导者放弃了权力；如果授权不足，领导者还是会被琐事所困，也就失去了授权的意义。授权是一个复杂的问题，不同的人有不同的做法和经验，但也有共同的技巧可循。一是分权而不放任。从系统科学的角度出发，将复杂的整体目标分解为子系统目标，实行“分而治之”，然后再从分解到综合，是一个必然的“金字塔”形式。分权后，领导者还要尽力发挥其综合功能，将分散的权力构成一个整体。二是掌握有效的控制方法。授权后，领导者应当综观全局计划的进程，对可能出现的偏离目标现象进行协调，对被授权者实行必要的监督和控制。要注意的是对被授权者所加的责任不是突然的，而是一个循序渐进的过程，权重要适度地一点一点地加上去。要讲究授权的方式方法，适当地称赞被授权者完成任务的优点，以充分增加其信心，同时，也应指出应避免的不足之处。控制是连续不断的过程，客观情况多变决定了其不可能一劳永逸，对下属执行过程中的偏差，应注意防范并及时纠正。

（二）领导者用人的艺术

聘用具有好奇心的职员，因为好奇心能够激发教职工去努力做好工作；有时，还要雇用一些“不太正常”的人，这些人有一定的个性和特点。

解聘缺乏思想的雇员，培养激情之士。研究认为，在传统的组织中工作，优秀职员无一例外地都面临着一个重大难题，即很难适应现行的人事结构，那么，要在组织内部引入和培养一些有激情的职员。

寻找年轻人。在知识经济快速发展和市场竞争日趋激烈的时代，起用那些看起来似乎没有经验的年轻人，可能会给组织带来更大的发展机会。坚持给每个人一些休闲时间。

建立新的内部交往机制，努力营造一个良好的气氛，建立各种俱乐部，吸引外部人士参与决策过程。

尽管高等教育领导存在着不同于一般领导的特点，但以上分析为我们进一步分析高等教育领导过程中的用人艺术提供了思路。如要大胆使用具有好奇心、进取心的青年后备人才，使他们有充分显示才华的机会。领导者要注重领导过程的民主性，以提高决策的科学性和有效性，特别在高等教育管理中，领导者必须调动每一名教职员工的积极性，这样才能最大限度地实现领导作用的有效性。领导者要调动下属的积极性必须身先士卒，成为激发下属积极性的一种外在动力，一个优秀的领军人物本身就是最好的榜样，是组织活力的核心。

面对面的、团队的、组织的和调解情况中的沟通对于领导力的有效性是相当重要的。领导力是通过一个人的语言、非语言和调节行为体现出来的。

从更广泛的意义上说，沟通对于建立和维持贯穿整个组织的领导力系统是至关重要的。这确保了高层领导人的价值观能渗透到各个领域和不同水平的员工中。

（三）领导者运筹时间的艺术

高等教育系统的领导者每天都有大量的工作要做，“双肩挑”的领导者则更感时间之宝贵。如何合理、有效地利用时间是领导者必须解决的问题。领导者运筹时间的艺术如下。一是最大限度地谋求可控时间。属于领导者支配的时间可以分为可控时间与不可控时间。一般而言，职务越高的人，可控时间就越少，校长比系主任的可控时间要少得多。要善于将不可控时间转化为可控时间。二是要区分重要事件和一般事件，分轻重缓急，抓关键工作。三是用最佳时间完成最重要的工作。领导者应自觉总结并熟悉自己体内的“生物钟”，用精力最旺盛的时间来处理最重要的、最困难的工作，把例行的公事放在精力稍差的时间去做，以提高时间的利用率。四是常规工作标准化。五是切忌事必躬亲。六是多开碰头会或实行工作餐制度，这可以挤出大量的处理问题的时间。七是有控制工作时间的能力，对于无为的耗时进行严格的控制等。

综上所述，高等教育领导是领导者为实现高等教育目标而创建所需的各种组织机构或程序，激励高等教育系统中的个体或群体去实现系统目标的行动过程。领导问题的核心是影响力，高等教育领导是一门科学，也是一门艺术，同时，还具有许多技术性。高等教育领导者不要期望能找到一种解决领导问题和职权问题的完善答案。很多物理现象并不都符合物理学家的理论，同样道理，领导人看来也可能违反从理论上推导出来的某些领导问题的概念。我们要不断加强研究，揭开“领导问题之谜”，实现高等教育领导的科学性、高效性，使高等教育的管理者，特别是领军人物，在高等教育管理系统的各个层面中起到应有的作用。

（四）处理各方关系的艺术

1. 处理好战略与战术的关系

战略与战术属于方法论的问题，要想处理好战略与战术的关系，就应做到以下几点。一是应把握好“势”，有正确、科学的战略。二是战术要围绕战略，要以一贯之谋发展，要勇于面对前进道路上的曲折，要善于击破困难。三是要有“千方百计”，战略与战术越多，成功的可能性越大。

2. 处理好全局与局部的关系

高校领导者要想处理好全局与局部的关系应注意以下两方面：一方面，要有全局眼光，避免各行其是，树立整体大于局部、局部服从于全局的意识；另一方面，个体之和大于整体，要重视局部，尊重局部的发展潜能，充分发挥局部的作用，使局部形成整体，成就大事业。

3. 处理好业务与管理的关系

对于高校领导者来说，业务就是处理工作中的事务，管理就是管理好所在部门，具体来说就是制订计划、实施计划、检查计划的进度、进行总结与反思、根据经验进行改进。

业务与管理体现了人处理事的艺术。业务和管理的对象是“人”和“事”，人的思想和行为差异万千，几乎让人不可捉摸，事物的种类多样、形态各异，更让人难以观察一切、明白一切。因此，不能用固定不变的法则来应对千变万化的环境，高校领导者需要在管理工作中，运用高超的艺术，处理好业务与管理的关系，科学安排，汇集众人的聪明才智，充分调动部门人员的工作热情，实现共同发展的目标，培养高素质人才。纵观这几个方面，高校领导者要想处理好业务与管理的关系应注意以下几点。

一是要有坚定的理想信念。理想是人们对未来的向往，只有树立正确的理想信念，才能铸就事业成功的坚实基础，才能获得追求进步的不竭动力。高校领导者要把理论学习放在首位，坚持用中国特色主义理论体系武装头脑，做中国特色社会主义的坚定信仰者和忠实实践者，在任何时候、任何情况下都要保持头脑清醒，辨明前进方向，保持坚定的理想信念，要以先进模范人物为榜样，反复校正自己的思想和言行，使自己真正成为一个高尚的人、纯粹的人、有道德的人、有益于人民的人，要始终高扬理想信念的风帆，勇于投身科学发展的洪流，在实施立德树人进程中建功立业、施展才华。

二是要有强烈的责任感和使命感。岗位就是责任，有责任才会有担当。高校领导者要有一颗强烈的事业心，聚精会神搞建设，一心一意谋发展；要自觉履行管理育人的神圣职责，切实做到真抓实干，讲究实效；要安下心来，努力克服工作和生活中的困难，消除各种不利因素的影响，把心思和精力用在工作上，用在干事创业上；要正确处理好与同事之间的关系，顾大局、识大体，宽以待人、严于律己，营造团结和谐的氛围；要比学习、比工作、比奉献，始终保持奋发有为的朝气、昂扬向上的锐气、不畏艰难的勇气、争创一流的志气，脚踏实地、埋头苦干。

三是要有较高的业务素质和工作能力。当前高等教育呈现出国际化、信息化、网络化、与社会发展一体化的发展趋势，在这种形势下，管理干部必须具有较强的、综合的素质能力，懂管理、会管理、善管理，眼界宽、思路宽、胸襟宽，既要具备计划、组织、协调、沟通等基本能力，又应掌握现代信息技术能力、教育科研能力、公文写作能力。高校领导者在工作中要甘当“小学生”，虚心向老同志学习、向身边同志学习，在干中学，在学中干，在“干”中积累经验，接受锻炼，提高克服困难和解决矛盾的能力；在“学”中充实理论，努力做到用新眼光分析新形势、用新观念审视新情况、用新方法解决新问题。

第四章　高等教育管理与教学的相关理论

高等教育管理是一种实现教育目的、培养专门人才、体现人的社会价值的具体活动，同样的，它也是高等教育最主要的一种组织活动。不管是高等教育管理还是高等教育教学的其他活动，基本上都是围绕着教学来展开的，其目的都是为教学服务。本章分为高等教育管理相关理论和高等教育教学相关理论两部分。主要内容包括高等教育管理的实施、高等教育管理的指导思想和本质；高等教育教学简介、高等教育教学的发展理论基础等。

第一节　高等教育管理相关理论

一、高等教育管理的实施

高等教育管理理论的主要研究对象就是高等教育中的管理现象，在经过几十年的发展之后，我国的高等教育体系逐渐健全和完善。与此同时，也出现了很多有关高等教育管理理论的高等教育管理学教材和著作。高等教育的实施主要包括以下两个层面

（一）现实层面

从现实层面来看，高等教育管理的开展主要是围绕下面这四种关系。

①政府与高等教育之间的关系，所涉及的主要是高等教育管理以及办学这两种权力之间的关系，其次就是高等教育办学自主权的一系列问题。

②中央与地方之间的关系，这种关系是建立在政府对高等教育的管理的基础上的。世界各国的高等教育管理类型大致上可以分为以下几种类型：地方分权制；中央集权制；中央集中领导和大学学术自治同时注重，也就是介于上两种类型之间。

③教育主管部门与其他业务部门的关系，这种关系也是建立在政府对高等教育的管理的基础上的。业务部门办学也被归到国家举办高等教育的范畴，同时还涉及高等教育的结构和布局。

④高等教育与社会的关系，也可以看成高等教育与市场之间的关系。这种关系所涉及的问题就是高等教育面向社会自主办学的问题。

（二）目标层面

从目标层面上来看，进行高等教育管理，主要是为了使政府与高等教育、中央与地方、中央教育主管部门与其他业务部门之间的关系得到及时有效的调整。主要包括两方面内容，一是从“条块”分割的高等教育管理逐渐转变为“条块”有机结合的高等教育管理。二是政府的职能得到了切实的转变，高等教育的宏观管理得到了进一步改进，从而使高校成为面向社会依法自主办学的法人单位。

二、高等教育管理的管理思想与指导思想

（一）管理思想

所谓管理思想，是指“关于管理的观点、观念或理论体系，是管理理论和实践的结合在人们头脑中的反映”。管理思想对管理工作起指导作用，它随着人类社会及其管理活动的产生、发展而产生和演变。古代朴素的管理思想兴盛于中国、古巴比伦和印度等。公元前 2000 多年，古巴比伦《汉穆拉比法典》颁布的 282 条法律，体现了远古法规管理思想。中国在公元前 1100 多年，出现了经权管理思想。后有历代的“人治”“法治”及“知人善任”等管理思想。19 世纪后，随着机器大生产的兴起，欧洲出现了古典科学管理思想以及法约尔的管理原则与过程理论等。从 20 世纪 20 年代开始，出现了行为管理思想。20 世纪 60 年代后，出现了诸多管理学派，管理思想纷繁，被喻为进入了管理理论的“丛林时期”。

高等教育管理属于教育管理的范畴，其管理思想理应与教育管理思想同类，它是一个极为复杂的理论课题。它应该也必须规定出自己的理论前提，也就是要与某种思想理论联系起来，以确立自己的基本方向。从哲学的层面看，高等教育管理思想主要包括以下四个方面的内容。

1. 运用相互联系的管理思想

高等教育管理是一种复杂的社会活动，从宏观上分析，高校与社会、家庭

和时代是联系在一起的，大学生当然也不是孤立于社会、与世隔绝的，所以，高等教育管理牵涉社会、家庭，影响着时代，同时也受时代或者说历史条件的限制。

从微观方面来看，高等教育管理诸要素之间也是相互联系、相互制约的，如管理与学习、管理与教育、管理与服务、管理过程与管理结果，等等，都是相互影响、相互制约的。

2. 运用动态平衡的管理思想

管理是一个过程，这一过程是在不断发展变化的，既受大的政治、经济和文化变化的影响，又受高校本身物力、财力及办学思路变化的影响。一切都在变化中，管理工作也处在不断地完善与发展之中。同时，作为管理对象的大学生和研究生的人格、思想、行为也在学生管理过程中得到逐步发展与完善。所以，把动态平衡的管理思想运用于管理工作中，就必须要有发展的观点，要有与时俱进的勇气，立足于现实，着眼于未来，不断地分析和研究新的情况，解决新的问题。

3. 运用对立统一的管理思想

在高等教育管理活动中，客观存在着各种矛盾关系，需要运用对立统一的管理思想对这些问题和矛盾进行分析研究并最终予以解决。例如，管理者与管理对象之间的矛盾，教育、服务与管理之间的矛盾等。

4. 运用实践探索的管理思想

实践是检验真理的唯一标准，同时，实践又是正确认识的主要来源。高等教育管理是一门实践性很强的学科，有很强的操作性。因此，我们在开展高等教育管理工作的时候，一定要有实践意识，要有探索创新的勇气，并将实践过程中形成的好的经验提升到理论的高度，从而在整体上指导高等教育管理工作的新实践，如此反复，永不停息，以推动我们的高等教育管理工作不断提升水平。

（二）指导思想

运用现代管理科学理论指导高等教育管理，使高等教育管理科学化。现代治校观念要求我们靠现代科学来管理学校，管理学生。具体说来主要包括以下两方面。

①要遵循教育的外部规律与内部规律办事。比如高等教育的规模为一定的

经济基础所决定，反过来又作用于一定的经济基础。高等院校作为高等教育的主要载体和平台，其办学理念、体制、结构面临着新的变革和调整。高校要准确把握社会脉搏，直接面对市场办学，面向21世纪培养高素质的复合型人才。高等教育管理也要研究新情况，解决新问题。

②靠运用现代管理科学的理论与方法进行管理，使学生管理队伍的组织结构更加严密、管理制度更加科学、人员分工更加合理、职责范围更加明确、奖惩更加分明、工作更加高效等，从而可以更好地继承我国多年来高等教育管理的成功经验。

新中国成立后，高校学生管理工作的成功经验是当今高等教育管理工作的宝贵财富，首先，社会主义大学必须坚持中国共产党的领导，坚持社会主义方向，这是我国几十年来办大学的一条基本经验。坚持党的领导就是将党的路线、方针、政策作为社会主义大学管理的基本指导思想，就是要确保社会主义的办学方向，调动全校师生员工的积极性，为培养德、智、体、美、劳全面发展的高级专门人才努力奋斗。坚持社会主义方向，是由我国大学的社会主义性质所决定的，一切管理工作都要根据党的路线、方针、政策去组织、实施。各项规章制度的制订都要有利于坚持“一个中心、两个基本点”，有利于调动广大师生员工的积极性，这是衡量管理效益的基本点。

运用现代管理科学指导高等教育管理主要是运用它的基本原理：系统整体性原理、要素有用性原理、动态相关性原理、人的能动性原理、规律效应性原理、时空变化性原理、信息传递性原理、控制反馈性原理等。我们应在管理实践中力争使管理组织系统化、管理决策科学化、管理方法规范化和管理手段现代化。

三、高等教育的管理方法

1. 调查研究

对学生的情况，要经常调查、了解、掌握。调查研究时要对调查对象、目的、方法做认真规划，不能临时应付，草率从事。调查中不带框框，坚持实事求是，不能以上级单位或某人的指示、意见为结论，要到下面寻找材料佐证。在调查的基础上还要用马克思主义立场、观点、方法，对调查材料、调查事物进行分析、研究。

2. 建立规章制度

在教育管理中逐步确立一系列科学的管理制度，这是高等教育管理的必要方法。制度要符合学生身心发展特点，符合教育规律和培养目标的要求。制度既要随着教育的发展而不断完善，又要有其相对的稳定性。

3. 实施行政权限

按照对学生管理的目标、内容制订一系列规章制度、执行措施和学生行为规范，用行政方法进行管理，并通过相应的管理部门对师生员工实施检查监督，从而使学生集体或个人的活动达到管理的目标要求。行政方法主要包含褒扬和惩治两个方面，一方面对遵守管理制度、行为符合规范的集体和个人予以表扬。另一方面对违反管理制度、行为不符合规范的集体和个人，要有明确的限制措施，并用严格的制度约束其中的行为恶劣者。

4. 适当运用经济的手段

经济手段是行政方法的补充。在高等教育管理活动中，对学生给予必要的物质奖励或惩罚，就是经济的手段，采用经济手段并不意味着行政方法不足以保证管理实施，而是因为经济手段直接触及学生的物质利益，它起的作用是行政难以替代的。用经济手段进行管理时，要注意防止一种倾向，即只重视用经济手段去奖惩，而忽视日常的教育和引导，忽视行政管理的作用。同样不能只重视用经济手段奖励较为优秀的学生，而忽视用同样手段去处罚违纪学生，或者只重视处罚而忽视奖励，导致不能发挥经济手段的真正作用。

四、高等教育主体管理的研究内容、基本任务及应注意的问题

高等教育管理是一门综合性、政策性很强的应用科学。对于中国来说，高等教育管理科学是以党的路线、方针和政策为依据，在教育科学、管理科学、青年生理心理学等基本理论和丰富的学生管理工作经验的基础之上，研究管理的对象、任务、原则、内容、方法和规律的一门科学。

高等教育主体管理即高等学校学生管理，它作为高等教育管理的一个重要方面，同其他管理工作一样，都是以教育领域某一方面的特殊现象和规律为研究对象的，它必然要受到教育领域总规律的支配与制约。因此，它又不同于管理工作的其他分类工作，具有相对的独立性。我们只有既认识到高校学生管理工作与其他管理工作的密切联系，又认识到它与其他管理工作的不同，才能真

正揭示高校学生管理本身所具有的特殊规律，使之成为一项具有特性并富有成效的管理工作。

（一）高等教育主体管理的研究内容

作为一门管理工作，一般而言，总要有相应的学科知识成为其所依循的工作方针，而一门学科的成立必须具备一个必不可少的条件，即它必须具有一套系统的范畴体系。范畴体系既体现了研究的角度，又展示了研究的内容，同时又表明了其相互间的关系。因此，若想准确而恰当地表述高等教育管理学科的研究内容，最好的办法是确立这门学科的框架和范畴体系。高等教育管理工作需要研究的内容主要涵盖以下几个方面。

1. 学科理论的研究

学科理论的研究包括高等教育管理学科的性质、理论基础、研究对象和领域、主要研究任务、学科的地位和作用，高等教育管理的指导思想和原则，如何对历史的经验进行抽象和概括以纳入理论体系之中，如何移植、融合相关学科的理论，如何不断丰富、完善和发展高等教育管理学科等。

2. 方法论的研究

高等教育管理学科的方法论研究，一方面要研究根本的思想方法；另一方面还要研究具体的管理方法，如思想政治教育管理、大学生社区管理、教学与学籍管理、实践管理、社团管理、校园文化管理（含网络管理）、奖惩制度管理、社会心理健康与咨询管理、就业管理、学生党员管理与党建管理、学生干部队伍的管理、学生群体性突发事件的应急管理等方面的管理方法与手段。

3. 组织学的研究

高等教育管理是一项系统工程。对高等教育管理的组织领导体制、学生管理队伍的建设、学生管理的现代化趋势等，都必须做更为深入、全面的探讨。组织学的研究包括学生成长规律研究、学生心理生理特点与管理工作的有机联系研究、青年群体之间相互作用关系与高等教育管理工作的互动共生研究。

（二）高等教育主体管理的基本任务

高等教育管理工作的基本任务是研究管理学的相关体系，即研究高等教育管理工作系统理论，而且更重要的是这种研究必须着眼于寻求高等教育主体管理工作本身所蕴含的特殊矛盾，领悟和把握学生管理工作的运行规律，以更好地运用于学生管理工作的实践之中，有力地推动高等教育管理工作向前发展。概括起来，高等教育主体管理工作的任务主要包括以下内容。

1. 总结高等教育主体管理工作的经验

高等教育主体管理是一种既古老又年轻的社会工作，它伴随学校的产生而产生，有着悠久的历史传统和崭新的时代内容。中国共产党早在初创时期就在高等学校开展学生工作，有九十多年高等教育主体管理工作的历史，积累了丰富的经验。从创办湖南自修大学、农民运动讲习所，到开办红军大学、抗日军政大学到新中国成立后各级各类学校的建立，其间有众多的经验需要总结，也存在一些教训需要吸取。新中国成立以后，我国的高等教育主体管理工作也有着许多值得认真研究的理论知识与实践特色，从解放初期到“文革”时期，从改革开放到21世纪，每一个时期都有不同的理论和实践探索，这些都是值得我们从事高等教育主体管理工作的同志认真学习、探讨、分析和思索的。

2. 批判继承国内外高等教育主体管理工作的经验

我们应批判地继承历史上高等教育主体管理工作遗产，学习国外高等教育主体管理工作的经验，吸纳教育学、社会学、政治学、青年心理学、系统管理学、文化学等相关学科的知识理论，构建具有中国特色、符合时代精神的高等教育管理模式。

中国是一个历史悠久的文明古国，几千年来，我们的祖先在学生教育和管理中积累了丰富的经验，这是宝贵的历史文化遗产，应当批判地继承，做到古为今用。同时，我们还应大胆借鉴国外高校的学生管理经验，去粗取精、去伪存真、融会提炼、博采众长，做到洋为中用。只有这样才能构建起具有中国特色的高等教育学生管理理论体系，并以此指导我们的实践，形成高效的、有益于大学生身心健康成长和成才的高等教育管理模式。

3. 完善高等教育主体管理工作的理论体系

加强科学研究，注重实践探索，不断发展高等教育主体管理工作的理论体系，推动高等教育主体管理工作模式健康运行。尽管高等教育主体管理工作有着丰富宝贵的实践经验和悠久的历史传统，但就总体情况而言，它对不断发展的中国特色社会主义形势还存在着某些不适应，还存在着许多的不足，无论是从理论要求上，还是从实践需求上，都需要进一步科学化、理论化。

因此，作为学生管理工作者，必须加强对高等教育主体管理工作的科学研究，大胆探索，不断创新，切实把握学生管理工作的新内容和新特点，努力用新方法、新思路和新手段去适应高等教育主体管理的新规律和新形势，使高等教育主体管理的理论与方式与时俱进，不断丰富和完善。

4. 推动高等教育主体管理工作的规范化

以理论创新推动实践创新，促进学生工作的科学化、法制化和人性化。虽然高校有办学的自主权，可以根据自身的特点制订符合本校实际的学生管理制度与规定，但这些规定不应与国家的法律法规相悖，不能违背大学生的成长规律，不能违背人性特点，不能违背社会主义办学方向与促进学生全面发展的最高宗旨。不仅需要研究法律与青年学的相关理论，还需要研究管理学方面的理论，同时更应注重将管理学、法律学、青年学有机结合起来，形成理论上的创新，推动实践创新。

因为，高等教育主体管理不是一般的管理，而是一种对青年的管理，这种管理是要将有着一定知识的青年培养成德智体美全面发展的人，换言之，这种管理的最高宗旨是促进学生全面发展，使其成为国家的建设者和接班人。这就使学生管理工作牵涉一系列的理论研究与实践探索，这就是现实交给学生管理工作者的光荣而艰巨的任务。

（三）高等教育主体管理应注意的问题

高等教育主体管理涉及多方面的问题，要在管理过程中处理好各种关系，具体来说，包括以下几个方面。

1. 学生管理与规章制度的关系

高等教育主体管理要经过制订并实施必要的规章制度来实现。教育部根据党和政府的教育方针、青年大学生成长的特点以及长期以来的工作经验，已经制订了《普通高等学校学生管理规定》，这是对大学生进行科学管理的一个基本的法规性文件。各高校也结合自己的实际情况，整章建制，制订了一系列的规章制度。高等教育主体管理的实践反过来又丰富了规章制度的内容，使之更加全面化和科学化。

2. 高等教育主体管理与思想政治教育的关系

在强调管理工作重要意义的同时，不可忘记思想政治教育的重要作用。任何只强调严格管理而忽视思想政治教育，或只强调思想政治教育而置照章管理于不顾的做法，都是片面的，不可取的。因为管理也是教育的一种手段，教育又能保证管理的推行和实施，所以只有把严格管理与思想政治教育有机结合起来，才能使学生管理工作真正走上井然有序的轨道。

第二节 高等教育教学相关理论

一、高等教育教学简介

高等教育教学相关理论主要包括以下两方面。①全面质量管理理论。这是一种动员全体成员共同参与的管理形式，将质量放在重要地位，要求将技术要求、经营管理、数据统计等知识相结合，从而实现对资源的高效利用，形成产品的研究、生产、服务管理于一体的质量管理体系，也就是用最经济的方式生产出最好的产品。②高等教育理论。高等教育理论不仅是各高校教学质量保障体系的理论支撑，还是高等教育发展的理论支撑。高等教育理论对各高校教学质量的保障体系的评价与构建发挥着重要的作用。

（一）高等教育教学的作用与功能

高等教育教学的作用与功能也就是教学活动的基本目标与任务，它主要源于教师、学生、社会三方面的需求目标。之前，高等教育教学活动的社会本位思想一直对一些国家，尤其是实施集权式管理的国家的高等教育教学的作用和功能产生着影响，使得其逐渐被“国家化”“政党化”，从而使得教师成了国家实施教育驯化的工具，学生便理所当然地成了被驯化的对象。

随着高等教育的逐渐发展，受教育的人群也越来越多，使得社会本位的教学功能逐渐减弱，“以人为本”的教育思想逐渐占据了主导地位。因此，在设定教学活动目标时，首先要考虑到的就是教学活动主体，换句话说，就是教师和学生的个人需求。教师通过教学活动来进行知识的传播，促进自我的进一步探究，引导学生进行专业技能的训练，在这个过程中获得满足感和成就感。学生在充分考虑自己的社会愿望、个人兴趣和所具有的基本能力之后，便会主动去接受高等教育，并参与到各种教学活动当中，从而使自己的身心和智力得到全面发展。社会对教学活动的需求可能是具体而分层次的，教师和学生对教学活动的需求可能是抽象而含糊的。对这种矛盾冲突的认识和化解有利于教学方法的创新。

（二）高等教育教学的形式与内容

在表现形式上，高等教育教学的形式和内容更加具体和生动，它不仅是内容与形式之间对应关系的一种反映，还是形式和环境之间协调关系的一种反映，此外，还是教学活动直接主体（教师与学生）与间接主体（教学管理者）协商一致的管理特征的一种反映。

从教学活动的形式来看，高等教育教学的形式和内容就是教学内容、教学环境与教学主体的统一，比如课堂教学、课外练习、社会实践，就可以看成以上三种关系经过不同的组合之后所产生的结果。从教学活动主体来看，就是讲授活动、听课活动、师生研讨活动，等等，不同的活动，主体地位的表现也有所不同。

高等教育教学内容与教学目标之间有着非常紧密的联系。虽然我国现在的高等教育教学的计划性正在逐渐弱化，但如果从整体上看的话，仍然还是非常强的，换句话说，国家从自身或社会本位出发对专门人才的知识、技能体系有一个制度设计和进程安排，教学内容按照这些制度和进程逐步展开。目前，我国开始注意发挥教师和学生的主动性，对教学内容的选择权有所放开，但与教师自主裁量教学内容和学生在完全学分制下自由选择教学内容还有相当距离，至少学生的职业规划与学校的学业指导工作短时间内难以跟上。

（三）高等教育教学的构成要素

高等教育教学属于一个偏正词组，以动词为主，具有较为宽泛的内涵，一般是指学校为了实现人才培养的目标所进行的一切行动。由于不同学校、不同学科专业的人才培养目标、质量规格、层次要求都各不相同，高等教育教学活动表现出了非常大的差异性，但如果仅仅是从某个具体教学活动单元的结构来看，又存在着很多的相似性。这是因为它们都是由若干基本相同要素构成的开放性系统，只是该系统的要素会根据不同教学情景产生不同组合。

一直以来，教育界对高等教育教学活动构成要素的研究都存在着不同的争论。有的人从共时性的角度进行分析；有的人从历时性角度进行分析；有的人从关系角度进行分析；有的人从表象角度进行分析；有的人从深层结构进行分析；有的人从表层结构进行分析。由于分析角度不同，产生了很多不同的分析结果，这就是为什么会存在教师、学生、教材（“三要素”）到学生、教学目的、教学内容、教学方法、教学环境、教学反馈、教师（“七要素”）的差异。

客观地说，存在这种差异也是很正常的，只要不存在逻辑上的问题，并且没有包容和遗漏，则更加精细的结构要素划分理应是被提倡的。从高等教育教学活动的特点来看，一个较为完整的具体教学活动应该由以下几个要素构成。

1. 关于教学主体

受机械认识论的影响，人们往往会从施教与被教角度考虑，认为教育参与者不仅包括教师，还包括学生，其中，教师是教学主体，而学生则是教学对象。这种观点严重忽视了高等教育教学的特殊性，没有考虑到学生主体性作用的发挥会直接影响隐性的教学效果和探究性的教学活动。所以，高等教育教学活动的共同主体应该是教师和学生。

2. 关于教学目的

不管是哪种教学活动，最基本的一个要素就是教学目的，不同的目的，在层次上的高低也会有一定的差别，高等教育的教学活动也不例外，比如一个专业培养方案中的教学目的，一门课程的教学目的，一节课堂的教学目的，等等。就教学方法研究需要而言，这里的教育目的主要指课堂之类的教学活动的目的，其中有比较抽象的一般要求，也有比较具体的内容、技能目标。

3. 关于教学信息

对于教学信息，人们之前会用教材和教学内容来表示。但实际上，教学内容并不完全包含在教学信息当中，还有一部分包含在教学目的当中，作为目标性任务加以明确。同时，教材是教学内容的传统载体，而鉴于现在高等教育可供使用的教学材料日益丰富，来源途径十分广泛，这也就表示，教材在高等教育教学活动中的地位越来越微不足道。

4. 关于教学组织

要想有教学活动，就必须要有教学组织。教学组织的内容主要包括以下方面：在什么样的时间和空间；由哪些教师和学生参与；参与人员的规模；教师或者学生在教学时间内的教学秩序维护等。

5. 关于教学环境

随着高等教育教学环境对教学活动的影响不断增大，为了满足教学活动的不同需求，就必须要对教学环境进行必要的调节和控制，只有这样才能顺利开展教学活动。可以说，经过选择、净化、提炼和加工处理的教学环境对教学主体实现追求真理、掌握知识、发展身心等目标非常有利。

二、高等教育教学的发展理论基础

（一）学生发展理论

在心理学中，“发展”是指通过克服生理成熟、心理成熟、社会成熟的异时性，达到三者的一致。以埃里克森和罗杰斯为主要代表的实证心理科学通过对成人和青少年的研究，提出了学生发展理论，认为发展不是偶然的，是有一定的内在逻辑的。每个发展阶段承担一定的任务，解决类似的发展问题。而学生事务管理的责任，就是帮助学生成功地度过每个过渡性发展阶段。所以，促进学生发展是学生事务管理的目标，而学生发展了，也能在一定程度上推动学生管理工作的进一步发展。

人的发展是哲学、教育学、心理学和社会学等学科共同关注的课题。康德曾经说，教育是“使人成为人”，使人发展的重要途径。人的个体的极致发展是马克思所设想的“人全面而自由的发展”，即人的个体特质和潜能均得到全面充分而自由的发展，包括个人的劳动能力（智力和体力）、才能和品质，人的社会关系以及个人和社会的协调发展。

学术活动及学习，自然是个体获取发展，尤其是才智获取发展的重要途径；但更多的发展，尤其是非智力因素的发展，依靠的是非学术活动，而这指的就是学生管理。学生管理要紧紧围绕着促进学生自身发展这一目标，为把学生培养成全面发展的人提供指引和服务，提高学生的社会生存能力和发展能力，进而为学校发展、社会发展贡献力量。

例如，通过为家庭经济困难学生申请助学贷款、助学金等，为学生的发展提供保障；通过开展丰富多彩的社会实践活动，提高学生学以致用的能力，促进学生社会化发展；通过开展党团建设，丰富学生的社会关系，发展学生的道德品质；通过开展喜闻乐见的学生竞赛活动，发掘学生的潜力，培养学生的能力，等等。

高等教育教学管理的发展和学生的发展是相辅相成的。一方面，学生的发展促进高校学生管理的发展。不同高校、不同层次、不同学历的学生对高等教育教学管理的要求也是不一样的，集中表现在管理质量、管理效率、管理需求等方面。高素质的学生的需求更多元化、个性化，对管理的程序设置更强调人性化，对管理成本和效率也提出了更高的要求。学生的整体素质提高了，如学生的自我管理、自我教育、自我服务的能力提高了，学生就会有很强的自理能力、组织管理能力等，那么，学生工作就可以从宽泛向精细化方向发展，就可以从普遍关注转到个体关注，就可以在学生管理的内容上进一步深化，学生工作也就会得到进一步的发展。另一方面，学生管理的发展也促进学生的发展。学生管理伴随着青年学子的大学时光，学生的学习生活与学生管理息息相关，要规范学生的管理、注重学生的个性发展和成才，使学生在自由、快乐的环境中成长。

（二）学校发展理论

大学要想提供更好的服务，就必须改进技术，拓展服务领域。而学生工作发展最直接的动因主要是学生服务质量的提升和学生服务项目的增多。新的服务领域必然会有新的技术要求。

学生管理的发展是在学校发展的基础上显现的，学校的发展促进学生管理的发展。当前，我国高等教育正处于快速发展阶段，高校如何在众多发展机遇和挑战的环境下，进一步挖掘和提高学校的核心竞争力，切实保障学校各项事业的持续发展，是摆在学校面前的重要研究课题。学生管理是学校教育管理的重要组成部分，学生管理的发展在一定程度上促进了学校的发展。

当前，在社会和学校快速发展的过程中，学生管理也面临着不少新的挑战。例如，在网络时代如何提高大学生思想政治教育的成效；如何在社会诚信体系尚未完善的环境下，有效地增强学生的诚信意识；如何在工作资源有限的前提下，满足学生日益增长的成长需求；如何实现多校区学生工作的融合，等等，这些都是学生管理现实中需要解决的难点和重点问题。

“创新是发展的灵魂和动力。”创新是发展学生工作的推动力。理念创新是发展的前提，制度创新是发展的内核，管理创新是发展的保障。学生管理者是学生工作的重要策划者和组织者。学生工作的开展有赖于每一个学生管理者的智慧和行动。学生管理者应围绕学校发展的中心工作设计和开展学生工作，在学校总体的理念下展开对学生的教育、管理和服务工作。面对新的问题，不应墨守成规，而应有创新的精神和勇气。在工作中注重调查研究，善于思考和总结，勇于尝试和担当，在工作理论、工作方式方法、制度建设等方面有所创新和突破，为学生工作的开展贡献自己的聪明才智。

（三）管理者发展理论

作为学生管理的主要策划者、实施者和组织者的学生管理者，在学生管理的发展中，其自身素质也得到了提升和发展；而管理者的发展又反作用于学生工作，促进学生管理的发展和进步。发展是每个人永恒的主题。学生管理就是提升个人素质的良好途径，是个人发展的稳固奠基石。高校学生管理者，尤其是一线辅导员，是大学生思想政治教育和学生管理的组织者、实施者和指导者。学生管理者教育和培养学生的过程，实际也是自身素质得到不断完善和提升的过程。“三百六十行，行行出状元”，作为一名学生管理者，如果抱有积极学习的心态，善于思考，注重积累，在促进学生发展的同时自身也能得到很好的成长。

1. 促进理论水平的提高

学生管理虽是一项内容繁杂、千头万绪的工作，但同时也是一项知识与技术含量很高的工作。学生管理者承担着学生日常教育管理、思想政治教育、素质教育、就业指导、心理辅导等与学生成长成才密切相关的工作。这些工作的顺利开展往往需要丰富的政治学、教育学、心理学、社会学等学科知识做支撑，学生管理者只有主动地学习和掌握这些知识，用科学的理论武装头脑，具有广博的知识储备，才能为思想活跃、求知欲强的大学生答疑解惑、指引方向。所以，学生管理者因工作之需，应多读书、多学习理论，除了掌握业务知识外，还要广泛涉猎法学、政治理论、政策法规、美学、伦理学、管理学等知识，把握学生工作的规律和青年学生成长的规律，指导学生管理工作向规范化和专业化发展。

2. 促进综合能力的发展

学生管理千头万绪，是一项常规、传统的工作，也是一项创造性很强的工作。面对工作对象、工作环境的变化，学生管理者要不断总结和研究工作规律，更新工作理念，创新工作方法，创造性地开展工作。学生管理者是学生思想的引领者、学生行为的引导者和学生活动的组织者，不仅要联系学生，还要沟通各职能部门，工作内容涉及就业指导、心理咨询、日常事务、班级建设、突发事件处理等方面，这都需要学生管理者具有较强的统筹能力、表达能力、组织协调能力、应变能力、管理能力和科研能力。学生管理者要结合工作实际，多研究学生工作中出现的新情况、新问题，总结、研究和摸索出解决问题的办法，以提高自身科研能力、表达能力。学生管理者在工作中还要注重总结积累，善于观察、勇于创新、虚心向专家和同行学习，在实践中锻炼、在学习中提高、在总结中成熟，使自身的能力得到全面的发展。

学生管理工作由一个个学生管理者承担。学生管理的质量与每一管理者个体的态度、能力、专业化程度等息息相关。一支作风正、业务精、能力强的学生管理者队伍，是高效开展学生管理工作的有力保障。该队伍的发展要靠全体学生管理者自觉努力才能实现，是每一个个体发展成果的累加。

个人的进步可以促进集体的发展，集体的发展能够带动个人的进步。个人的发展与整个学生管理的整体发展是互为前提和基础的，是两个永无止境的相互结合、相互促进的历史进程。个人进步与集体的发展也就是质变与量变的关系，每个人进步是量变的过程，在不断的发展中促成集体的质变。个人进步是一小步，集体进步就是一大步。学生管理并不是一些简单的事务性工作，而是一个具有高技术含量、高专业要求的职业。学生管理建立在个体对学生管理的热爱和认同的基础上，建立在对学生成长、心理特点的认知上，建立在对学生工作规律的把握上，它要求个体具有教育学、心理学、青年学等广博的知识，掌握为学生提供优质服务的现代技术，具有某方面的专长（如职业辅导、心理咨询等），还要求个体具有出众的人格魅力，可以影响和带动一批学生。

随着时代的发展、社会的进步，国家和社会对人才质量的要求越来越高，对学生管理的要求也越来越细化，社会环境对学生管理的影响也越来越大，学生管理面临着严峻的挑战。作为从业人员，只有与时俱进，不断更新教育观念，树立终生学习的意识，自觉提高教育技能和知识，主动探索达到既定教育目标的创新方法，才可能提高学生管理的水平。

在发展模式中，学生发展、管理者发展、学校发展三者是辩证统一、相互依存的。学生发展离不开学生管理者和学校的发展。而学生发展和管理者的发展随着学校的发展而发展，学校的发展是学生发展和管理者发展的叠加，学生的发展和管理者的发展促进了学校的发展。

三、高等教育教学活动主体及其关系模式

（一）高等教育教学活动主体

一般来说，不管是哪种活动都必然会存在主体与客体，但高等教育教学活动主体则不同，它的主体是双重的，并且不同主体之间还存在着一定的关系。由此可见，对教学活动主体关系的探讨是非常有必要的。至于高等教育教学活动的客体，在双重教学活动主体前提下，它与主体之间的关系比较简单，一方面服从于主体的需要，另一方面充当连接两个主体的纽带。

1. 高等教育的教师

高等教育教师所肩负的教学职责往往是比较多的，具体如下所示。

①教书育人的践行者。教书育人是教师的基本职责。教师不仅要教授学生科学文化知识，还应进行思想品德教育，引导学生树立正确的世界观、人生观和价值观，促进学生养成良好的品德。所以，高职教师要自觉增强立德树人、教书育人的荣誉感和责任感，学为人师，行为世范，做学生健康成长的指导者和引路人。

教书育人是教师的基本职责，是高等教育的根本任务所决定的。但是，教师的职责并不是单一的，我们必须要明确，在教学科研、社会服务、文化传承创新等工作任务和职责之中，教书育人居于基础性和主导性的地位，是贯穿教师职业生涯的一条主线。教学不是简单地传授知识，而是传道、授业、解惑的内在统一。探索科学前沿、承担科研任务，是教师带领学生探求真知、培养学生创新能力的重要途径和手段。优秀的教师，总是能够在教书育人的过程中实现教学相长，相得益彰。

②师道尊严的捍卫者。教师是光辉的职业。我们每个人在成长过程中，无不得益于教师的关心和帮助，教师所指引的方向、鼓励的话语，很有可能成为我们一生的前进方向与动力。因此，教师要自觉成为师道尊严的捍卫者，努力成为业务精湛、学生喜爱的高素质教师。

捍卫师道尊严关键要靠教师内在的学识魅力和人格魅力。学识的魅力，要靠刻苦钻研、严谨笃学来具备。教师是知识的重要传播者和创造者，要成为合格教育者，必须终身学习、更新知识、拓宽视野，必须崇尚科学、创新知识、勇攀高峰，不断提高教学质量和教书育人本领。学识的魅力，不仅是科学精神，还是人文精神的彰显，只有兼具科学精神和人文精神，并积淀深厚的学识素养和文化素养，两者相得益彰，才称得上是真正具有学识魅力的教师。教师的魅力是德才兼备的升华，来源于对学生的博爱、对事业的无限忠诚，来源于渊博的学识、教书育人的能力和永无止境的执着精神。优秀的教师对待学生总是如同对待自己一样，设身处地地为学生着想，最终做到师生同心、情感和谐，帮助和引导学生健康成长成才。

③高等教育精神的守护者。高等教育教师是高等教育精神的传承者和守护者。高等教育教师要确立自己的精神信仰，有探究精神和敢于批判的勇气，坚持遵守道德规范，正确引领学生，让学生去引领未来，在高等教育中发挥航标的作用。要想发展好我国的高等教育，高等教育教师就应履行好教师的职责，凭借着对国家和民族未来的忧患意识，自觉将高等教育精神作为一种追求，通过传道、授业、解惑，立德树人，培养高素质人才，使学生成为高等教育精神

的弘扬者，让学生服务于社会，建设好国家。

高等教育教师肩负的职责决定了他们的劳动特点。这就是教学手段的自主性与教学活动的示范性、教育对象的能动性与教学情景的复杂性、教学过程的长期性与教育影响的滞后性、教学方式的个体性与教育成果的集成性。面对这些特点，有的教师可能会表现得无可奈何，有的则从积极方面进行力所能及的改进，甚至形成个人独具特色的教学风格。高等教育教师应具备的素质如下所示。

一是具备坚定的马克思主义信仰。高校立德树人的根本目标是使学生全面发展。要实现这个崇高的教学目标，高等教育教师首先应有坚定的马克思主义信仰，有优秀的道德品质。马克思主义是中国共产党的指导思想，是社会主义核心价值观的灵魂，更是高等教育的主线和灵魂，这就要求教师必须首先成为马克思主义的传承者和传播者。但需注意的是，教师对马克思主义的传承并不只是看其对马克思主义理论知识的掌握程度，而是看马克思主义是否在其人格和言行举止上得到了体现，对马克思主义的传播，更多的是传播马克思主义的精神与价值诉求。

高等教育教师在教学中应保持正确的认识，坚持以马克思主义为指导，善于辨别各种腐朽思想与错误思潮。高等教育教师在坚定信仰马克思主义的基础上，必须认真学习宪法和有关法律法规，坚持学术研究无禁区、课堂讲授有纪律，严格遵守教育教学纪律，决不能向学生传播一些过于偏激的奇谈怪论，甚至是反马克思主义的歪理邪说，以免造成学生思想认识的混乱。

二是具备深厚的马克思主义理论功底。深厚的马克思主义理论功底，既是教师具备坚定马克思主义信仰的前提，又是对学生进行马克思列宁主义、毛泽东思想和中国特色社会主义理论教育的基础。教师只有具备深厚的马克思主义理论功底，才能在教学中深入浅出，帮助学生分析问题、解决问题，提高学生辨别是非的能力。

高等教育教师必须具备深厚的马克思主义理论功底，首先是指，教师能够熟练掌握马克思主义的基本原理，能够准确把握马克思主义的科学体系，并能够自觉运用马克思主义的基本立场、观点和方法，去分析问题和解决问题；其次，教师应对中国化的马克思主义有较为系统深入的掌握，正确认识毛泽东思想、中国特色社会主义理论与马克思主义的关系，了解毛泽东思想和中国特色社会主义理论的体系、内容及其精髓等内容。最后，教师还应该对我们党的路线、方针和政策有深入的了解和关注。需要注意的是，具备深厚的马克思主义理论功底不是单纯地掌握马克思主义的基本内容，而是在掌握基本内容的基础上，学会运用马克思主义去解决实际问题。

三是做社会主义核心价值观的践行者。为落实立德树人，高等教育教师应成为社会主义核心价值观的践行者，这就代表着，他们应爱祖国、爱社会主义，成为一个真正的爱国主义者，捍卫社会主义意识形态，培养学生也成为社会主义意识形态的捍卫者、社会主义核心价值观的践行者，从而夯实中国特色社会主义的精神文明基础，推进社会主义和谐社会建设。

四是具备良好的专业精神。良好的专业精神是提高教师专业素质的前提，是教师专业行为的动力。教师如果缺少了专业精神，就会失去前进的动力，就会安于现状、故步自封，就可能得过且过，就容易敷衍塞责。教师工作是一种“专业技术”岗位，所以需要具备一定的“专业素质”，教师专业素质是指教师在教育和教育实践中获得的、在教育活动中体现出来并直接作用于教育过程的心理品质，是教师从事教育工作的心理条件，包括专业知识、专业能力和专业精神，其中专业知识和专业能力是教师专业行为的基础，专业精神是教师专业行为的动力。教师专业精神是指与教师的职业活动紧密联系，具有教师自身职业特征的职业理想、职业态度、职业责任、职业道德、职业情感、职业操守、职业协作、职业奉献等。

教师的专业精神在其职业生涯中突出地表现为一种职业作风，它是教师专业精神的习惯性表现，具有潜移默化的教育作用。如果教师队伍整体有了优良的职业作风，处在这一群体中的成员就可以互相产生一种正面影响，互为榜样，就能形成比、学、赶、帮、超的良好职业风尚与进取精神，促使新教师茁壮成长，老教师水远保持优良的职业品质。

良好的专业精神是指教师所具备的教育理念、拥有的责任感以及无私奉献的精神等。只有具备良好的专业精神才能教好书、育好人。教师要想具有良好的专业精神，一方面应树立正确的人生目标，明确自身的价值，有正确的职业价值观念；另一方面，应尊重自己的工作，有强烈的职业荣誉感、责任感，有无私奉献、艰苦奋斗的精神。勤学敬业、潜心治学、淡泊名利是教师应具备的专业精神，只有这样，才能培养出德才兼备的人才，才能发挥教师群体引领整个社会风气的积极作用。

良好的专业精神首先体现为一种良好的习惯。明确基本价值导向是教师养成良好行为习惯的前提，而教师的主观意愿则是另一个不可忽视的因素。教师要正视自己的缺点并不断改正，要让良好的行为变成一种习惯。与教师的行为习惯相比，良好的专业精神更多的还是体现在教师的职业态度和综合能力上。

良好的专业精神还包括团队协作精神与创新精神。团队协作精神、创新精神的缺乏是直接制约当代学校教育发展的瓶颈之所在，我们要在某个领域取得成功，关键是要有创新能力，整个团队真正做到团结协作，这本身就是教育管理上的一种创新。随着社会的不断发展，当前的高等教育正呈现出精细化、复杂化的发展态势，社会迫切需要大量高素质的复合型人才。但仅凭教师的力量是难以完成的，因此，教师需要与他人合作。

团结协作的目的是对团队内部的一些软性资源进行优化整合。只有善于合作，才能做到共同发展。不注重合作，仅靠个人的力量，对于整体来说，无疑是缺乏竞争力的。一所学校教育质量的好坏，在很大程度上取决于群体的协作状况和能否重视优势互补与横向联系。对于学校管理者来说，如何更好地让全体教师去做好各自的工作是一门艺术；而教师如何配合，也在某种程度上反映着这名教师的专业精神。

五是具备完备的知识体系。高等教育教师承担着专业知识教育与思想教育的双重任务，因此，教师应有完备的知识体系、丰富的知识理论基础、广阔的知识视野。教师的知识水平在一定程度上直接决定着教学的质量。学生都喜欢学识渊博的教师，喜欢这类教师所教授的内容。一个优秀的高等教育教师应能把专业知识教育与思想教育结合起来，发挥自身优势，让学生真正学进去。

教育工作必须以丰富的知识为基础。教师要善于用各种知识去说明深邃的哲理，给人以启迪；用知识点燃人们心灵的火花，给人以鼓舞和力量。教学的过程是开启知识大门的过程，也是敲开心灵窗户的过程。教师除了在所教专业方面要做到“知得深”外，还要对其他学科的知识“知得广”。处在信息化时代的社会在不断发展、人类在不断进步、知识在不断更新，这就要求教师必须有广博的文化素养，不断吸收先进的知识，用技能来武装、充实自己，更好地培育人才、繁荣学术；同时积极投身于课程改革，增强创新意识，争做研究型、学者型教师。

六是具备扎实的专业能力。教师的专业能力是影响教学质量的关键。教师直接承担着培养高素质人才的神圣职责，只有具备过硬的专业能力才能完成国家和社会赋予的历史使命。教师应具备的专业能力主要包括下几方面。

第一，管理组织的能力。主要包括组织教学的能力；管理好班集体的能力；组织学生开展各项活动的能力；协调校内外事务的能力等。

第二，工作计划与课程安排的能力。主要是指教师对即将开展的工作的设想和安排，如确定教学目标、教学方法、教学内容等，以确保教学进度，提高教学质量。

第三，运用现代教育技术的能力。即掌握现代教育技术，能将现代教育手段灵活运用到教学活动中。

七是掌握高超的教学艺术。高等教育教师有了完备的知识体系，其能否将知识很好地外化给学生，还要靠高超的教学艺术。如果教学手段与教学方法运用得当，就能卓有成效地完成教书育人的任务，培养高素质人才。高等教育教师不仅应潜心钻研教学内容，还应思考最佳的教学手段与教学方法，以提高教学效果。好的教学方法能吸引学生注意力，调动学生的学习兴趣，发散学生的思维，培养学生的自主学习能力。而传统的教学方法具有单向性，教师“教”，学生被动“学”，很难形成师生互动，会打击学生学习的积极性和主动性，容易形成学生上课记笔记、考试背笔记、考完就忘记的现象，结果是学生把理论知识背了许多，但是应用所学知识分析问题、解决问题的能力没有得到锻炼和提高，更不可能达到培养学生创新能力的教学目的。因此，教书育人、立德树人必须对传统的教学方法进行改革。

以传统教学方式开展的课堂教学较枯燥乏味，容易使学生产生疲劳，难以调动学生的学习兴趣。随着信息技术的发展，现代化教学手段正在取代传统的教学方式。运用现代化教学手段进行教学，能给课堂教学注入活力，提高教学效果。多媒体课件教学可以把前沿知识传授给学生，增加教学的信息量，使教学内容以直观的形象展示给学生，让学生融入课堂，提高教学吸引力，增强教书育人的实效性。教师运用现代化教学手段，不应简单地照搬多媒体课件，做一个课件的展示者，而应该不断丰富教学内容。

教师要加强自我修养，具有崇高的理想，有强烈的社会责任感，加强道德自律，有甘于奉献、淡泊名利的精神。高尚的师德对于学生的人格有良好的塑造作用，因此，高等教育教师应有良好的师德修养。历代教育家提出的以身作则、为人师表、躬身实践等精神，展现了教师良好的品格，是师德的典范。教师能否获得学生的尊敬，受到教师自身品格因素、知识因素、情感因素、才能因素等的影响。其中品格因素是最重要的因素。一个性格宽厚、待人真诚的教师就容易受到学生的欢迎，反之是很难得到学生拥戴的。教师要想在学生中树立自己的威信，就要具有崇高的道德理想，严于律己，宽以待人。只有具备良好的品格因素，教师才能起到示范作用，才能教好书、育好人，投身于教育事业。

教师的行为对学生具有一定的示范性和启示性，因此，教师自身必须树立正确的世界观、人生观、价值观，在学生面前做到言行一致，只有这样，才能成为学生的好榜样。所以，作为一名高等教育教师，更应该想到自己的言行举止所产生的教育后果。只有自己时刻关注党和国家的命运、关注社会问题、关注学生成长，才能唤起学生的社会责任感，唤起他们对各种社会热点、难点问题的关注与思考，才能最终落实好立德树人的根本任务。

2. 高等教育的学生

高等教育教学活动的主要参与者只有教师和学生，并且，不仅高等教育的教学是这样，任何学校的教学活动都必须由教师和学生共同参加。学生参与的积极性高，教学活动的内容和形式会变得更加丰富，并且教学活动的最后效果也会受到很大的影响。高等教育学生的构成本身就是比较复杂的，再加上高等教育大众化的推行、终身教育观念的深化和学习化社会的建立，接受高等教育的人越来越多，这也就使得高等教育学生的构成变得更加复杂。

一般来说，高等教育学生不分种族、地域、性别，在年龄上处于青年中期，个体的生理发展接近完成、心理变化趋于稳定、自我意识日益增强，已经接受了基本的基础教育。但实际上，世界各国对高等教育学生的界定要比这复杂很多。

就我国来说，在主体上，本专科学生都大致符合上述基本规定。但是随着高等教育政策的不断调整、大众化教育的不断发展等，高等教育学生不管是在年龄、心理，还是在生理上都已经超出了原本的规定，如果再考虑到硕士和博士，那么这种基本界定就更显得局限和狭隘。了解学生的学习目的和动机的关键是明白其参加高等教育学习的原因。

影响高等教育教学活动的两个重要因素就是高等学校学生的学习目的和学习动机，同时，它们也是学生作为教学活动主体的重要标志。只有学生的学习目的明确，学习动机端正，才能将其在高等学校教学活动中积极的主体作用充分发挥出来。不管怎样去设计高等教育的人才培养目标，不管设计得有多么合理，都不一定会完全符合学生实际的学习目的和动机，但是只要学生所提出的要求是合理且可行的，那么就应该尽全力去满足。

笔者通过对大量高等教育学生进行研究，得出了以下结论：他们选择进行高等教育学习的主要目的就是得到职业或专业的训练，从而获得更多发展自己和个人兴趣的机会，最终获得较高的收入。对于学生比较倾向于什么样的学习态度和学习方式这一问题，回答主要涉及以下几个方面：①学生的目标将会决定他们的学习态度，学生的学习目标较为明确的话，他们的学习态度大多都比较积极；②学生的基础决定他们采取的学习方法，知识基础、能力基础强的学生其学习方法必然得当；③学生的个人情感决定他们学习的倾向，依赖性、独立性、表现型、沉默型等不同情感类型的学生，其对教学活动的态度与影响也不完全相同。

（二）高等教育教学活动主体的关系模式

高等教育教学主体主要有以下三对关系，即师生关系、师师关系和生生关系。师生关系占主导地位，师师关系和生生关系居于次要地位。

1. 师生关系

任何学校的教学活动都普遍存在师生关系，并且，这种关系也是一种行动主体对应模式，受到了各高等教育院校的高度重视。师生关系是以教学任务为中介，通过“教”和“学”的手段，所形成的一种较为特殊的社会人际关系，可以说，在高等教育中，最基本并且占有主导地位的一种人际关系就是师生关系。人们对于这种关系的认识也并不是一成不变的，从结构上来看，传统的理解就是教师对学生“一对一”“一对多”的主从关系，在高等教育教学活动中主要有以下表现。①在课堂教学上，教师读讲义、做演算，学生记笔记、做练习。②在课程设置上，必修课多，选修课少。③在教学管理上，实行学年制，对所有学生按一个标准来要求，个体差异没有受到重视等。

根据以往的经验和教训，对于高等教育的教学来说，认识和建立新型师生关系是非常重要的。这种新型师生关系在结构上教师与学生是“一对一”“一对多”“多对一”“多对多”的复杂网络系统，这个网络系统功能的全面发挥，就是高等教育教学活动的全部的任务与追求目标。

2. 师师关系

在高等教育教学活动当中，所涉及的教师群体内部之间的多边关系就是所谓的师师关系。目前来看，社会各界对于高等教育教学活动中的师师关系还不太关注，因为只要是谈到教学关系，首先想到的往往会是师生关系。

其实，在高等教育教学活动中，师师关系也发挥着相当大的作用，一个和睦的教师群体对于高等学校教学活动的开展十分重要。从对立性来看，由于这种关系的构成具有长期性、利益性、人格性等特点，所以尽管关系网络不会很庞大，但利益之争等情况常常发生，从而影响教师的教学。从合作性来看，哪怕是一门课程甚至一节课，主讲教师与助教之间、理论教师与实验教师之间、教师与教学调度人员之间等的配合情况，都会直接影响到教学活动的开展及其效果。

3. 生生关系

由高等教育同辈学生相互之间组成的多边关系即生生关系，也称为同学集体。这种关系既包括同年级同专业学生构成的正式的稳定关系又包括相同学科专业不同年级的学生以学术爱好为基点构成的稳定的师兄弟姐妹关系等。

生生关系的形成往往具有非常强的随机性，一旦形成，所表现出来的态势就会相当稳定，这种态势不仅在学生大学学习期间有相互促进、影响的作用，还会在高等教育结束后延伸到社会活动中。对于教学活动来说，生生关系对学习活动的影响是全方位且深刻的，这种关系往往会被视作仅次于学生个人行为的力量。但是，这种关系由于结构规模比较小，而且还存在质的差异性，所以难免会在较大程度上影响其对教学影响作用的发挥。

四、高等教育教学思想观念的变革

（一）建立健全大教育观

建立健全大教育观主要表现在创新高等教育资源共享上，通过建设新教材和立体化教材、网络教育资源开发和共享平台，建成一批具有示范作用和服务功能的数字化学习中心，完善终身学习支持体系，使我国高等教育的质量和整体实力得到进一步提升。

若想实现高等教育规模、结构、质量和效益协调发展，就必须要对提高教学的系统性进行充分考虑，对一些具有基础性、全局性、引导性的创新突破口进行确定，从而引导高等教育教学创新的方向。此外，还应该充分调动政府、学校、社会等各方面的力量支持高等教育的发展，切实解决高等教育在提高质量方面的实际问题，为高等教育办学创造良好的外部环境。

（二）加快高等教育教学创新

总的来说，我国高等教育教学创新虽然具有较为庞大的实践活动阵容，但它的形式和内容并不是很出众。所以，在进行高等教育教学创新的过程中，必须要做到以下几点。

①对于教学制度，要继续建立和完善教学评估制度、专业认证制度、高等

教育基本状态数据发布制度等。

②对于教学活动，不仅要落实“教授、名师要上课堂”，还要努力建设高等水平的教学团队。

③对于学生，突出学生的主体地位，不断加大学生选课、选专业余地，通过学分制使学生学习的自主性、自我责任心进一步提高和增强。

除此以外，还应继续通过各级各类大规模、高强度的教学研究推动教学方法的创新，从根本上改变教学方法创新零散、自发、孤立、短效的局面。

第五章　高等教育管理的目标、规律与原则

遵循高等教育管理的基本原则，是实行高等教育管理的起点和前提。高等教育管理的目标、规律和原则反映了一定的社会观和价值观，体现了教育的管理哲学。高等教育管理的目标、规律和原则渗透在管理工作的各个方面，贯穿整个高等教育管理工作。本章分为高等教育管理的目标、高等教育管理的规律、高等教育管理的原则三部分。主要内容包括高等教育管理目标的含义、高等教育管理目标的特性、确立高等教育管理目标的依据、高等教育管理目标的意义、学术管理与行政管理相统一的规律、高等教育管理的基本原则等方面。

第一节　高等教育管理的目标

一、目标概述

（一）目标的含义

目标就其词义来说，是指目的，具体来说，是指个人或组织在一定条件下对自身行为结果做出的预判。目标是主观见之于客观的东西。目标一方面集中反映人们的设想、愿望，体现其意识的主观能动性，另一方面又超前反映未来的标准或状态。

（二）目标的特性

1. 未来的导向性

目标属于方向的范畴，为人们展现一种未来的经过努力可以达到的场景。目标是对未来的预测，是超前思维的产物，对人类的实践活动具有引导作用。

任何组织、部门要提高其管理效能，都必须制定相应目标，以指引单位成员共同活动，只有使目标的影响渗透到各项工作中，才能达到鼓舞士气，增强凝聚力，提高工作效率和效益的目的。

2. 主客观的统一性

目标不仅是由人所设想和确立的，它还具有一定的客观性。正确目标的制定离不开对客观现实的正确认识，正确的目标必然具有主观和客观的高度统一性，这是保证目标正确性的前提和基础。

3. 社会的价值性

目标既不是组织自身完全决定的，又不纯粹是个人意愿的表现。按照系统论的观点，任何组织都是社会中的或大或小的一个分子，其存在和活动的方式均受社会的制约。因而目标的确立必然要反映社会的要求。这种基于客观现实、体现主观意志、反映社会要求的目标是人们普遍认同的，其一经确立，便具有使人们崇尚和追求的价值。

4. 系统的层次性

目标不可能是单一的，各级目标纵横排列，形成了一定的层次结构。一般来说，上一层次的实现目标的措施，成为下一层次的目标；达到下层次的或局部的目标，是为了实现上一层次的或总体的目标。高层次的目标往往从宏观角度出发，体现其战略性和概括性的特点；而低层次的目标往往从微观角度出发，反映出战术性和具体性的特点。目标有从属目标和递进目标之分，有隶属层次（总体、部门、个体）、时间层次（远期、中期、近期）、要求层次（高级、低级）之分，它们共同构成了目标系统。

5. 过程的实践性

目标的实现是连续性和阶段性相统一的过程，也是从主观走向客观的过程。这一过程归根结底是实践的过程，离开实践就不可能制定出正确的目标，就谈不上什么目标的实现。因为目标总是在认识、实践、再认识、再实践的过程中制定、调整和实现的。

二、高等教育管理目标的含义、特性

（一）高等教育管理目标的含义

高等教育管理目标是指高等教育主体根据实现高等教育目的的要求，对各项高等教育管理活动中管理对象在一定时期所要达到的预想结果做出的标准规定。高等教育管理目标，从根本上说是与高等教育的育人目的是完全相统一的。随着高等教育改革的不断深入，高等教育与社会的经济、政治、文化等各个方面的联系日益密切。相应地，也日益承担起更多的社会职能。它需要面对各种各样的社会期望，尽力满足多方面对知识和人才的需求，这就带来了高等教育管理目标的多样化。

（二）高等教育管理目标的特性

1. 指向性

目标属于方向的范畴，为人们展现一种经努力就可达到的前景。高等教育的管理目标为高校教育管理工作明确了工作方向，预测了最终的工作效果，是高等教育管理诸因素的联结点，制约着高等教育的内容、方法、手段和组织形式。高等教育目标是构成高等教育活动的前提，离开了高等教育目标，高等教育就失去了方向，失去了动力。

高等教育者的思想和策略，以及一切的管理工作，都集中体现在高等教育目标上，并由此指引学校组织成员共同活动。高等教育目标在一定程度上影响并制约学校组织的发展，只有正确的高等教育目标才能带领学校组织朝着好的方向发展。

2. 社会性

高等教育目标，不是某一学校领导或某一学校成员个人意愿的表现，也不是学校组织自身所能完全决定的。高等教育目标是对学校教育发展的客观反映，它的产生和发展在一定程度上受到社会这一方面的影响和制约，因此，高等教育目标也具有社会性的特点，在不同社会性质的前提下，表现出与社会阶级相符的意志和利益，并且关系更为密切。

3. 可行性

可行性，即可达成性，它是指高等教育目标规定的指向能够由学校组织及其成员通过一定的努力得到实现。正确的目标必然具有可行性。高等教育目标的可行性表现在两个方面。

其一，表现在高等教育目标可进一步具体化。具体化的目标，才是可达成的目标。例如，各级各类学校要贯彻国家规定的教育总目标，在实施中总目标必须细化为一系列具体目标，甚至细化为可计量的指标，比如，“三好”学生的培养率、后进学生的转化率、学生犯罪数的下降率、体育锻炼的达标率、近视的治疗恢复率、各科成绩的及格率和优秀率、毕业生的升学率或就业率，等等。有了这些具体的，甚至可计量的指标，高等教育活动才有了成功的尺度和标准。

其二，表现在高等教育目标具有可接受性。可接受性是指高等教育目标符合学校及其成员的实际，能得到全校师生员工的理解和赞同，能为大家所接受。因为只有这样，高等教育目标才能从外在的标准与要求内化为师生员工共同的需求与自觉，才能影响组织成员的行为，促使人们在追求目标及实现目标的过程中，化潜在能量为现实力量，并产生某种有效的结果。

4. 层次性

所谓目标的层次性，是指目标的可分解性，即总目标可以分解为多个子目标，各种目标之间有从属、递进关系。一般说，实现上一层次目标，成为下一层次的目标；下一层次的或局部的目标，是为实现上一层次的或总体的目标服务的。目标的层次越高，其战略性和概括性就越强；目标的层次越低，其战术性和具体性就越强。高等教育目标有全校性的、部门性的，以及学校成员个体的目标；有远期的和近期的目标。它们相互联系，结成一体，成为学校具有层次的目标系统。

5. 挑战性

所谓挑战性，是指高等教育目标源于现实并高于现实，有一定的难度。高等教育目标的完成要用意志力，用艰难的努力，还要用“想做得更好”的一种激励状态，才能实现。

三、确立高等教育管理目标的依据

（一）社会发展依据

要想合理确立高等教育的管理目标，就必须在整个社会发展的背景下分析高等教育的发展趋势。当今社会，科学技术的发展突飞猛进，综合国力竞争日趋激烈。目前，我国的科学技术水平还不高，发展又很不平衡，科技进步对经济发展的贡献率尚不到60%，与发达国家相比仍有较大的差距。我国只有主动迎接知识经济的到来，大力推动高校科技创新，才能迎头赶上发达国家，从而在国际竞争中争取主动。具体来说，应做到以下两点。一是建立国家知识创新和技术创新体系，提高我国科学技术水平，特别是注重高科技和高新技术产业的发展。二是深化教育改革，培养创新人才。高等教育改革要紧跟时代发展，更新教育理念，以发展创新知识和培养创新人才为己任，接受更大的挑战。

（二）教育发展依据

我们必须注视和研究国际经济、科技的发展趋势，增强教育的开放意识，认真借鉴世界各国的有益经验，从而加快我国的高等教育建设事业。这就要求高等教育管理目标的确立既要围绕国家和社会对高等教育发展的基本要求，又要体现管理理论的科学性、管理理念的时代性、管理实践的高效性、管理内容的切实性、管理过程的目的性。

如果缺少管理科学的思维方式，就不能使其目标合情合理、切实可行，就难以达到实行目标管理的目的；如果缺少时代特征，就不能使其目标符合高等教育改革与发展的要求，就有违高等教育管理的初衷；如果不能使其操作简便、明了、易行，就不易被管理的主、客体双方所接受，就难以达到事半功倍的效果；如果使其内容要求不切实际，不考虑各地、各层次、各类型的具体情况，就难以真正为高等教育的改革与发展服务；如果在实行其全过程的各阶段，要求不明确，就会形成操作中的盲目性，并且难以在实践中加以修正，就不可能达到最后目标的要求。

高等教育的改革和发展，旨在更快更好地实现高等教育的目的，这一目的集中反映在国家和社会对人才的需求上。只有以高等教育发展为依据，才能使管理目标的确立体现为社会主义建设所要求的人才培养服务。

（三）工作目的物依据

高等教育管理工作的管理对象集中于人、物、材等多种类型，这些对象统称为管理工作的目的物。在这些管理对象中，人是其中最为关键的因素，这是因为对财和物的管理最终均是由人来实现的。从这层意义上来说，人是高等教育管理工作的核心对象。正因为不同人的素质和水平有所差别，高等教育管理的具体目标也存在差异。但若无视高等教育管理对象的不同层次和实际状况，将目标定得过高或过低，都会影响高等教育管理工作的最终成效。

高等教育管理对象具有双重性，即管理对象既是管理者，又是被管理者。

较之于高层管理者而言，中层管理者则是被管理者，较之于中层管理者而言，基层管理者则是被管理者，而基层管理者又是具体事物的管理者。不可否认，在当前高等教育管理对象不同层次的人员中，其整体素质，无论是思想观念、文化水平，还是业务能力，与以前相比都有所提高。

四、高等教育管理目标的意义

（一）目标是高等教育管理的出发点和行动依据

目标具有影响和决定高等教育管理活动的方向的作用。高等教育管理目标，决定高等教育管理活动的方向和任务，规定着高等教育管理活动的内容，影响着高等教育管理活动的途径和方法。高等教育管理活动，是为了最终有效地实现高等教育管理的目标。没有目标的高等教育管理也就失去了方向和意义。高等教育管理活动的全过程应着眼于对目标的管理，高等教育的一切管理活动要围绕着实现高等教育管理目标这一根本任务。

（二）目标是提高高等教育管理者自觉性的重要手段

目标具有激励和鼓舞高等教育管理者的作用。做任何事都要注重效果，高等教育管理也不例外。虽然效果的取得受到多种因素的影响，但人的自觉性和有效性是与其直接相关的。自觉性越高，有效性就越大。因此，确立并使管理者明白高等教育管理的目标，才能使之形成自发的思考和积极的行为，进而产生热情和激情。

（三）目标是处理高等教育管理主客体矛盾的必要条件

目标具有修正高等教育管理过程中矛盾的作用。目标既是预期可以达到的，又是需要经过一定的努力才能达到的。确立目标的全过程，也是分析和认识主客体矛盾的过程。实现管理目标的努力过程，也是发现、处理和解决矛盾的过程。

（四）目标是检验高等教育管理效果的依据

目标具有检验和评估高等教育管理工作的作用。评估高等教育管理工作是否有成效不是看做了多少事情，而是用原来确定的高等教育管理目标来检验实际管理活动的效果，做那些事倍功半的事情是与科学管理的要求相悖的。只有确立高等教育管理目标，才能检验其管理的成效，才能使高等教育的评估有章可循。

五、高等教育的目标管理

高等教育目标管理是指高等教育管理者引导高等教育实施部门以及全体成员，共同确定高等教育管理目标及其体系，它将目标作为管理的核心，将明确责任和发挥主动精神作为工作的原则，将培养高级人才作为工作的目的，最后再对相关组织管理活动进行相应的检查和评估。简言之，高等教育的目标管理就是一种对高等教育目标的确定、实施和评估全过程的管理。

高等教育的目标管理，其基本含义包括以下内容。

①高等教育目标管理和高等教育管理一样，均是高等教育的组织活动。但目标管理活动的特点是“以目标为中心”，与高等教育的计划管理、质量管理等有区别。

②任何活动都是有过程的，在高等教育目标管理的活动过程中，目标是贯穿始终的主线，表现在目标的制定执行、检查和评估等方面。

③高等教育目标管理的提出和发展，首先关注人，同时注重人和工作的结合。必须使各层管理者和被管理者明确自身的责任，提高自觉性，做到自我控制、自我检查和自我评估。

高等教育管理的核心是高等教育的目标管理。目标管理活动的一般程序是目标制定、目标实施、目标检验等，这与一般常规管理的过程：计划—执行—检查—总结基本上是一致的。

六、高等教育管理的目标模式

（一）理性模式

理性模式主要的要求是切实，即目标的制定者根据完备的综合信息、客观的分析判断，针对许多备选的目标方案进行论证评估，排定优劣顺序，估计育人的成本效益，预测可能产生的影响，经比较之后选择最佳方案。这种模式是以理性的行为为选择基准的。理性的行为是扩大目标成就的行为，是根据客观资料，确立目标手段的行为。

理性模式的设计目标是通过借助一套程序来管理具有最大“净价值成效”的目标，也就是说，希望能付出最小的代价，获取最大的成果。而具有最大“净价值成效”的目标，就是一项理性的目标。“净价值成效”是指目标所要求的效果大于其付出的价值。在这个意义上，理性和效率意义相同。效率是价值输入和价值输出的比例。一个理性的目标就是效率很高的目标，目标所要求的价值与其在实行过程中所付出的价值之间的比值大于1。可以说，理性模式是人们在追求理性目标的努力下创造的，是对理性目标制定过程的一种概括和抽象。

理性模式要求应满足的条件如下。①知道所有的教育要求及其相对的重要性。②知道多种目标方案。③知道各种目标方案可能产生的结果。④能估计目标方案所能实现的与不能实现的教育要求的比值。⑤能选择最佳的目标方案。

我们不仅要能知晓、权衡整个教育要求的实现程度，还要有关于目标方案的详尽资料、正确预测各种目标方案后果的能力，以及能准确把握管理成本与育人要求的操作程序。

理性模式可以提高高等教育管理目标确立的合理性，使内容切实，要求适中，操作可行。但是要想完全实现理性化目标是不可能的，其原因在于管理者的知识和能力有限，只能尽可能地向理想化目标接近，通过渐进的方式加以修正。

（二）渐进模式

渐进模式主要的要求是调适（或修正），即运用“边际调适”的方法，以现行的目标为基础，通过相应的实践，再与其他方案相比较，然后决定哪些内容需要修改，以及应该增加哪些新的内容。

1. 渐进模式的内涵

对渐进模式内涵的理解包括以下几点。①管理者不必企图建立与评估所有的目标方案，只需注重那些与现行目标有渐进性差异者即可。②管理者只需考虑几个有限的目标方案，而非所有备选方案。③管理者对每个方案只需论证几个可能产生的重要结果。④管理者面临的问题一直在被重新界定，注意调整手段，使问题较易处理。⑤高等教育管理的问题尚缺乏最好的一劳永逸的解决方案，需要在目标实现过程中发现问题和逐渐解决问题。⑥渐进模式具有补救性质，适应于解决现实的与具体的问题，以对目标加以修正。⑦渐进模式在于边际的比较，根据边际效果进行抉择，并不全面考虑每一项计划或每一个方案，所确立目标的优劣情况取决于管理者态度一致的程度。

与理性模式相比较，渐进模式较接近实际的管理情况，模式的构架较为精致完美。就管理者的个性特征而言，渐进模式也比较可行。渐进模式受到对现有目标成效的满意程度、问题性质改变的程度、现有可选方法中新方法的数量等条件的限制。如果现有目标的成效不能令人满意，则渐进模式就无法采用，现行目标仍有成效，是采用渐进模式的基础；如果问题的性质发生变化，那么渐进模式就无法适用；现有方法中，若新方法数量多，则使用渐进模式的可能性就减小了。

2. 渐进模式的应用

在以下几方面的条件下，应用渐进模式是较为适宜的。①现有目标的成效大体上能满足高等教育管理主、客体双方的需要。②管理者所面对的问题，在本质上必须是一致的，换言之不同管理者对问题的看法基本是一致的。③管理者有效处理问题的方法，也须具有高度的共同性。

以上条件，对渐进模式的效度（应用价值）具有决定性的影响。一般而言，渐进模式只有有限的效度，在高等教育改革和发展的形势下，新问题层出不穷，其管理上的渐进改变已难以适应实际需要，因而自身的缺点也就开始凸现。

（三）综合模式

综合模式汲取了理性模式和渐进模式的优点，在这一基础上形成了一种多样化的控制模式。这种模式的主要要求是追求最优化。

广义上讲，凡是将两种或两种以上的模式混合使用、有机结合，都可以称为综合模式。但是，在当代高等教育目标的确立过程中几乎所有的综合模式都包含理性成分。因此，广义上的综合模式都是理性与其他模式的结合。

一方面应用理性模式，来宏观审视一般的目标要素，分清主次，选取重点；另一方面，则应用渐进模式来探讨经过选择的重点，避免了去寻找所有可行的备选方案，也避免了对与目标无关的次要细节和次要方案的全面分析，不因一些细枝末节，而忽视基本的目标要素。这就克服了理性模式和渐进模式的不足。

规范最佳模式就是一种典型的综合模式，它吸收了理性模式的主要优点，此外，还利用专家直觉、经验判断设计新的方案，进行各种可行性研究。在具体分析中，该模式还借用各种定性方法，弥补诸多因素难以量化的不足。规范最佳模式的应用主要有三步。①认清某些价值、目的和目标要求。②探讨实现目的的方案，特别是创造新的方案。③对备选方案进行优劣效果的排序，选择最佳的革新方案。由于规范最佳模式的工作任务是对现有目标进行检查和论证，因此它需要一套成熟的论证体系。

综合模式在选定的方案的审视上注重使用理性模式创造新方案的优点，来克服渐进模式的保守倾向。另外，对重点问题、规格要求及主要的备选方案，则注意用渐进模式方法考察，注意与已有的目标进行比较，以切合实际的具体方案，克服理性方法的不现实性。综合模式与其他模式的比较如下所示。

首先，与理性模式相比，综合模式缩小了考察范围，节约了大量的时间、精力和资源。

其次，与渐进模式相比，它借助理性模式客观的方法对各种主要备选方案进行精细的调适，从而提高了方案的可靠性，又给创新方案提供了机会。因此，综合模式更具体可行。

第二节 高等教育管理的规律

一、学术管理与行政管理相统一的规律

（一）学术管理与行政管理相统一的必要性

高等教育管理中处处离不开行政管理，如对人财物等资源进行分配和调控，对计划的执行进行检查督促，协调高等教育系统中的方方面面使其正常运转，等等。但在高等教育管理中，学术管理是很重要的方面，学术水平的高低、学术管理的成功与否，对高等教育管理的水平及其发展有重大影响。因此，在高等教育管理中必须坚持学术管理与行政管理的统一。

（二）学术管理与行政管理的不同

1. 指导原则不同

在学术管理中，营造一个支持学术自由、提倡百家争鸣的良好气氛不仅是国家维护学术发展的迫切需求，更是促进学术繁荣发展的基本条件。学术问题要通过学术界认定的标准来评判，运用学术民主的办法来解决，只有对学术分歧展开充分探讨和论证，才能最大程度上保证学术的科学性。学术管理要用科学实验和论证、调查研究、同行专家评估的方法，而不能采用行政管理中行政决断的方法。

而行政管理则不同，在行政管理过程中，对于一些机遇的把握和政策的决定需要遵守少数服从多数的原则，这是因为每个人对政策和机遇的思考角度不同，在决策时必然会产生很多的矛盾，这样对管理工作来说是极为不利的，很容易错失时机，因此，要尊重大多数人的决定。当然，行政管理也需要具备一

定的科学性和合理性，凡事要从解决实际问题的角度出发，强调实事求是，要考虑其可行性，考虑它会产生什么影响和效果。

2. 采用的方法不同

学术管理中要根据不同学科专业的特点采用不同的方法。由于学科、专业、任务不同，所运用的管理方法也就各异。因此学术管理不能采用统一的模式，应该是多样化的管理方式。管理文科和理工科的方法不一样，管理专业课和基础课的方法也不相同。行政管理则是采取集中划一的方法，强调管理与执行要统一，不能因为个别特殊原因打破规则。要从实际出发，最大限度地发挥出高等教育的整体功能，考虑全局态势，统一协调好高等教育管理的各方面工作。

二、管理与服务相统一的规律

一般来讲，管理具有两方面的职能，一方面是协调和控制生产关系，另一方面是组织生产。在管理实践中这两方面的职能就是指管理与服务。两者虽有区别，但又密切联系，相辅相成，我们要用辩证统一的角度看待二者。好的服务工作对管理工作有着积极的影响，反过来好的管理工作本身就代表着较高的服务水平。

要想做好高等教育的管理工作，就要事先摸清高等教育的特点，有针对性地进行计划和管理。此外，还要处理好高校教育管理与高校教育服务的关系，正确认识二者的内涵与本质，采取科学合理的管理手段，满足管理与服务工作的需求。在这一过程中，如何对待教育工作者是其中的关键，尤其是高校教师这一主体。高校教师具有双重的身份特点，他们既是高校教育中主要的管理对象，又是其中主要的服务对象，因此，要根据这两种身份特点采取相应的措施。但无论针对哪一种身份，都要给予高校教师充分的尊重和理解。例如，尊重他们的人格和个性，理解他们的授课方式和授课风格等。最终还要对他们的业务水平进行合理评价和充分肯定。

在处理高校教育管理与服务的关系时，除了要把握好对高校教师的态度，还要负责解决好上级领导与底层群众之间的矛盾。管理工作中必然存在着上下级的身份代沟和利益矛盾等问题，要想处理好这些，不仅需要底层群众服从上级领导的指示和安排，还需要上级领导进行换位思考，从底层群众的角度出发，解决实际问题。高校教育工作的管理需要双方共同努力才能顺利展开。

第三节 高等教育管理的原则

一、高等教育管理的基本原则

高等教育管理的基本原则应该是根据一般管理学的原理提出的，同时又特别适用于高等教育管理领域；它们必须全面、准确地反映高等教育管理活动的特点、本质与规律；它们在理论上是完备的，在实际工作中又是切实可行的，不仅符合高等教育工作的管理目标，还能够科学指导高等教育管理工作，促进其进一步提高和发展。高等教育管理的基本原则主要包括以下几点。

（一）方向性原则

管理工作是一种具有明确目的的活动，只有确定好目标和方向，管理工作才有意义。因此，管理目标作为管理工作的前提，对管理工作具有指导作用。除此之外，管理工作是否有成效以及成效的大小取决于管理工作的方向。若管理方向正确，则管理工作就会进行得十分顺利，效果也会很明显，反之则会出师不利，工作道路将非常坎坷。对于高校教育工作来说，管理工作的方向代表着高校育人目标的核心，即培养什么样的人才这一根本问题。

高等教育管理坚持方向性原则，是涉及培养什么人、如何培养人的根本性问题。高等教育管理是高校办学的重要方面，是学校育人环节的重要一环，社会主义大学的主要目标是培养合格的社会主义事业建设者和可靠接班人，高等教育管理工作直接影响这一目标的实现。方向性原则是指确定高等教育管理的目标，进行高等教育管理活动，要与高校育人工作的总目标相一致，要与党和国家的教育方针、规范、政策和法律法规中规定的教育目标、管理目标等相一致。在高等教育管理中坚持方向性原则，关键需要做到以下两点。

1. 要坚持社会主义的政治方向

社会主义下的高等教育管理，首先要坚定不移地支持社会主义政治方向。教育必须要为社会主义服务，这影响和制约着高校教育管理工作的方向，教育的阶级性特征十分鲜明。

我国作为社会主义国家，要求高等教育必须以社会主义意识形态教育影响学生，为社会主义建设培养具有坚定政治方向的建设者和接班人。要明确我国的高等教育是社会主义性质的，要为社会主义服务，要坚持社会主义政治方向。

没有明确我国高等教育的社会主义性质，就不存在办学方向正确与否的问题。

坚持社会主义的政治方向，要有现实针对性。随着信息技术的发展，发达资本主义国家凭借技术优势，近些年不断对外进行文化输出，如今正掌握着全球大部分的信息与通信资源，对我国的文化审美造成了强烈的冲击。面对这一局势，我们要意识到其中的严重性，要注意防守西方意识形态的渗透，抵制外来文化侵略，揭穿国外敌对势力的“分化”阴谋。

2. 要坚持为社会主义经济建设服务

这里的“服务”，涉及范围较广，如社会主义政治服务、经济服务以及文化服务等。我们现在正处于社会主义现代化建设的进程中，无论何时都要坚持以经济建设为中心。在此基础上，还要明确高等教育的根本任务，即为社会主义现代化建设培养优秀人才。这一任务主要是通过培养社会主义经济建设需要的人才来实现的，因此也被称为高等教育的服务方向。

高等教育要坚持社会主义政治方向，同时要服务于经济建设这个中心，主动适应经济和社会发展的需要，这从两个角度规定了高等教育的办学方向，各有侧重，相辅相成，两者并不矛盾。

政治方向是从高等教育的社会性质来讲的，服务方向是从高等教育的工作任务和目标来讲的。政治方向规定了服务工作的社会主义性质，服务方向体现了坚持社会主义政治方向的实际内容。因此，不能说高等教育的方向性只指政治方向，而没有别的内容，这是不全面的。社会主义高等教育的方向就是坚持为社会主义现代化建设服务。

（二）整体性原则

整体性原则不仅体现在高等教育管理工作方面，还体现在高等教育系统以及高等教育人才培养目标等方面。坚持高等教育管理的整体性，就是坚持以培养人才为核心、以科学规划为路径、以高效发展为目的的高校发展道路，并且在这一过程中还要充分考虑到社会环境中各方面因素的影响。

高等教育工作具有多种职能，其中最关键的职能就是为现代化社会培养优秀人才。因此，高校不仅要做好组织教学工作，还要安排好科学研究、后勤管理、师资培养等工作与之配合，为人才培养创造有利条件。

高等教育工作的另一职能还包括开展科学研究、为社会提供优质服务。高等教育管理工作不只是培养人才的工作，实际上它是集人才培养、科学研究、社会服务供给等于一体的综合管理工作，它与社会系统之间存在密切的联系。

要想更好地开展高等教育管理工作就必须将其放入整个社会环境中进行考察。

要践行高等教育管理的整体怀原则，应注意以下几点。

1. 高等教育管理要以培养人才为中心

各方面活动的开展都要服从于培养人才这个首要任务。

①就政府对高等教育的宏观管理来说，首先要做好培养人才的决策和宏观控制，包括人才培养的预测规划、总体规模、发展速度、结构布局等，以及通过组织、计划、协调、立法、拨款、检查评估等手段，保证培养人才的数量和质量。

②就高等学校的管理来说，各部门的工作都要面向学生，教学和思想教育工作要遵循人才成长规律，科研、生产工作要与教学工作结合，后勤工作要为教学和科研服务，而不能各自为政，各行其是。

2. 要处理好教学和科研的关系

教学是高校培养优秀人才的主要方式和基本途径，教学工作的含义十分广泛，我们不能简单地认为只有课堂讲授这一种内涵。我们还需要认识到以下几点。

①教学活动既包括通过课堂讲授使学生学到间接知识，又包括指导学生获得直接知识和掌握学习方法。因此，教学是传授知识、发展智力、培养能力和形成良好思想品德的综合过程。

②科学研究是培养人才的重要途径，把科学研究引入教学过程是高等学校教学过程的一个重要特点，它能给学生创造全面发展智力的环境和条件。

③学生通过参加科学研究能够有目的地、主动地学习，掌握研究任务所需要的理论知识；还能进行积极思维，在实践中发展各方面的能力，培养创新精神；还能养成严谨的学习态度、踏实的工作作风和具备团结合作的精神；这一形式能更好地促进师生之间教与学两方面的信息交流，使教师对学生了解得更深入更具体，有利于实行因材施教，提高学生的主动性。

④开展科学研究还能够提高学校教师的学术水平，充实和更新教学内容，改进教学方法，使教学质量不断提高。因此，不应该把科学研究和教学对立起来，而应该使两者互相结合，互相促进。高等学校教学传授给学生的知识，是前人实践经验的系统总结。科学研究正是在已有知识的基础上探索和总结新的知识，进一步加深对客观世界的认识。因此，从人们的认识活动来讲，只有开展科学研究，把生产实践和科学实验的成果总结成各种理论体系，使人们不断地获得

新的知识和能力，才有可能进行各门学科和专业的教学。

从这个意义上来讲，科学研究是“源”，教学是“流”，科学研究总是走在教学的前面。对于讲授给学生的理论知识，并不需要也不应该要求教师都通过自己的研究实践进行总结和积累。但是，现代科学技术的发展日新月异，高等学校教师如果不积极开展科学研究，及时了解和掌握本门学科和相关学科的最新动态和发展趋向，只满足于当前课本的知识传授，这对于教学质量的提升没有任何帮助，只有紧跟时代发展，追求创新，才能培养出符合现代化社会建设所需要的优秀人才。

3. 发展科学技术是高等学校的重要任务

如今，我们正处于一个信息社会的时代，发展科学技术已经成为全世界的潮流和进步方向，高新技术逐渐成为推动经济发展的关键因素，培养科技人才是全球高校共同的目标和任务。自改革开放以来，我国发生了翻天覆地的变化，经过四十多年的发展，我国已经进入了现代化建设的关键时期，这一时期国家的经济建设和社会发展比以往任何时候都要更加倚重科技进步。在这种形势下，高等学校特别是重点大学的科学研究工作更应大大加强。

4. 直接为社会服务也是现代高校的一项重要社会职能

高等学校的人才培养、科学研究、为社会服务这三项职能是互相联系、相辅相成的。高等学校开展各种形式的社会服务，具有以下的优点。

①有利于加强学习与社会的联系，增进对社会需求的了解，增强主动适应经济发展和社会发展的能力。

②有利于高校加强实践教学，更好地与理论教学相配合，提升学生品质，培养学生能力，提高教学质量。

③有利于充分调动高校教师的工作积极性，学校通过提供有偿服务赚取办学资金，加强学校建设，改善教学条件，激发教学潜力。

尽管如此，高校教育管理仍需将培养人才作为工作的中心，人才是衡量一所学校工作成效好坏的根本标准，只有人才的数量和质量有所提高才能证明高校教育的管理工作是有效的，决不能受利益诱惑，搞短期行为，不顾教学质量和学术水平。

因此，一定要处理好培养人才与直接为社会服务的关系，统筹兼顾，加强管理，对收益进行合理分配，调动学校各方的积极性，特别是在教学第一线工作的教师的积极性。

（三）发展性原则

发展性原则指的是在高校教育管理中，对不断变化的管理机制体制，要时刻坚持发展的管理理念，确保高校教育管理工作的顺利进行。“发展”一词，包含两方面的含义：其一为高校教育管理工作需要不断发展；其二则是要通过高校教育管理工作来促进大学生的全面发展。下面将针对第二点进行详细的解析。通过高校教育管理工作促进大学生的全面发展，需要做到以下两点。

1. 树立发展意识

发展意识是发展行动的先导，它影响着发展过程的众多因素，因此，树立良好的发展意识是十分必要的。在传统的教育管理思想观念中，管理的核心以关注学生为前提，只要学生没有服从学校的管理就代表着管理工作的失败，久而久之，个别管理工作者为了追求管理工作业绩，便采用极端的管理手段，如强硬的制度规范、严厉的训诫教导等。最后的结果可想而知，不但没有取得管理成效，而且会挫伤学生的自尊心和自信心。这一行为是有悖于学生全面发展的。高等教育管理要想促进学生科学全面发展，必须及时转变传统教育观念，有意识地把学生全面发展作为管理活动开展的前提。在高等教育管理中，高校要不断增强促进学生全面发展的责任感和紧迫感，打破思维定式，以新的发展观念指导管理决策，设计管理计划，谋划学生的全面发展。

2. 推动管理创新

坚持高校教育管理的发展性原则，还需不断推动管理创新。我们知道，创新是发展的第一动力，发展是创新过程中，质和量的变化在社会形态中的表现。高校教育管理工作要想获得新成效，促进大学生的全面发展，还需与时俱进，坚持与创新相结合，创造性地开展工作。目前，高等教育管理的机制、途径、方法与载体都是在过去的环境条件下，针对过去的情况产生的。但是随着社会经济的迅速发展，高等教育管理工作面临着新环境、新问题，大学生在思想上出现了迷惑和困扰，在观念上呈现出多元化特点。如果固守原有的管理方法必然不能较好地满足今天的需要，解决不了今天的问题。为此，创新高等教育管理工作成为时代和社会赋予各大高校的重任。

（四）高效性原则

任何管理活动，其基本目的都是提高组织系统的效率和效益。管理效率和效益与管理目标有一定的联系。目标正确，效率越高，效益越好。各高校是在消耗一定的人力、物力、财力和时间等资源的条件下，实现管理目标的。

高等教育管理的高效性原则是高等教育管理本质的直接体现和具体化。它要求以一定的高等教育资源投入，培养和提供更多的合格高级专门人才和高水平的研究成果。或者说，培养和提供一定数量的合格人才和研究成果，要求投入的高等教育资源要最少。

高等教育所产生的效益是多方面的，它既能促进生产力的发展，又是巩固政治统治和建设精神文明不可或缺的手段，是社会得以延续和发展的重要条件。这些主要体现在提高劳动者素质和培养人才的数量和质量方面，同时，高等教育在发展科学技术方面的作用也是十分重要的。

高等教育是需要大量投入的事业，而发展高等教育的资源又是有限的，它靠社会提供，既受社会经济发展水平的制约，又受社会政治制度、管理体制和人们教育观念的制约。因此，高等教育管理既要注重经济效益，即以较少的投入培养更多的人才，注意节省人力、物力和财力，又要注重精神效益、社会效益，即坚持办学的政治方向，全面提高高等教育的质量。

（五）动态性原则

任何事物都是处于不断变化和发展中的，管理过程同样如此，无论是管理对象内部要素及其关系发展还是外界环境，无时无刻不在变化。由此，我们可以通过管理过程的动态发展实质，找出管理过程的相应规律，做出相应的调整，解决其中存在的各种问题，最终实现整体目标。

根据我国现阶段的经济形势可知，我国正处于经济转型期，社会发展迅速，高等教育紧跟社会发展的脚步，不断改革、与之适应并积极促进社会发展。如果将高等教育看作一个社会技术系统，它与外部环境相互作用，最终处于一种动态变化的局面。而管理活动与管理对象和管理环境之间存在着本质、必然的联系，因此，我们可以认为在高等教育管理过程中无论是要完成的任务，还是组织的结构，又或是用来完成任务的技术和参与的人员都处于动态变化之中。

高等教育管理的动态性非常明显。它体现在现代社会对高等教育的需求不断增加，社会为高校提供的各种条件也越来越优化。高等教育要为社会服务，必须主动提高适应经济和社会发展的能力。想要实现这一点，高校教育就应不断加强改革，发挥高校资源优先、教育优先的优势，建立适应国民经济和社会经济发展的有效机制，提高自身竞争力。除此之外，高校还要时刻保证师资队伍的稳定和教学设施的更新。在我国经济、政治以及科技体制的改革背景下，高等教育要始终坚持用动态性原则来应对当前局势的变化，通过改革创新来满足社会发展的需要。动态性原则需要人们做到以下几点。

1. 以发展的战略眼光看问题

在判断任何事物的性质时，要牢记事物的动态发展特征，不要故步自封，满足于现状。教育是立国之本，只有不断发展教育，才能为国家培养众多栋梁之材；只有坚持改革创新，才能促进教育发展；只有以发展的眼光看问题，才能把控全局，做到临危不乱。

2. 处理好变革与稳定的关系

在一定条件下，变革与稳定是可以共存的，这就需要把握好变革的尺度。针对高校中部分与现实不相适应的体制与做法，既要执行好“快”“准”“狠”的变革措施，又要保护继承好高校教育的合理内核。切记不要搞“一刀切”，在肯定既有体制的基础上，针对那些与现实不符的现象进行改革，不要墨守成规，也不要全盘否定。

3. 要注意不能朝令夕改

尤其在高等教育改革方面要持慎重的态度。高等教育管理的动态性从根本上讲，是由高等教育必须与社会的政治、经济、科技、文化的要求相适应这一基本规律决定的。社会是不断变化和发展的，高等教育要随着社会的政治、经济、科技的发展不断地改革，以适应社会发展的需要。针对高等教育管理过程中不断出现的新问题，各高校要及时发现、解决并进行经验总结。

（六）科学性原则

在科学问题上，随着人们认识水平的提高，其对科学的认识也在提高。有些问题过去认为是科学的，现在看来可能就不科学了。政治上有冤假错案，科学上同样有冤假错案，这是个认识水平问题。比如河里的水獭，原来人们认为它吃鱼，妨碍鱼的增产，就消灭它，可是实践证明，消灭了水獭，鱼更少了，后来经过研究才知道，水獭吃的是病鱼，而且它的粪便就是治鱼病的特效药，这才给它恢复了“名誉”。这类的例子还多得很。所以，怎样做到管理科学化，搞一些试验是必要的。在改革上，也可以搞一些试验。我们可以拿一所学校或一个系、一门课做试验，先走一步。食堂也可以搞一点企业化、半企业化试验。经过试验，明显不科学的东西应该抛弃。知识分子成堆的地方，有较多的人有分析问题的能力，这是个有利条件。

在学籍管理上，有些问题长期争论不休，比如成绩登记问题，有的学生需要补考，补考原因有学习不好、因病、因事、无故缺考、考试作弊等。补考后，老规矩是不管考多少分，都记及格成绩。有一项管理方法的草案主张如实记载，考多少就记多少，而且说明该生由于什么原因补考。对此，有人认为大学生是有自尊心的，记个“作弊”不好看，也有人认为连“补考”都不好看，有人认为这样做是实事求是的，还有人认为补考成绩如实记载会不大公平，等等。

要做到管理科学化，就要善于学习，参考国际的、过去的和兄弟院校的经验是必要的。要瞻前顾后，瞻前就是要有预见性，看到发展的前景；顾后就是不要忘记过去的经验教训，解决好老问题。还要左顾右盼，即参考国内外及兄弟单位的做法，看到别人的先进经验和不足之处。并制订一些规章制度，从管理方面搞一些创新，不断总结，不断改进。

（七）民主性原则

所谓民主，就是要集思广益。从事高校教育管理工作的人要善于与在管理范围内的学生合作，与其沟通、探讨，征求并尊重他们的意见，为他们服务。以上都是体现民主性的内容，为了进一步落实民主性原则，高校应注意以下几点。

1. 管理者同时也是被管理者

管理者要受规章制度的约束，按原则办事，并且要以身作则。否则，管理不会有好效果，不会有力量。不以身作则，对被管理人员来说就没有威慑力。从前有一首打油诗：“是头皆可剃，不剃不成头；但看剃头者，人亦剃其头。”管理者就像剃头的师傅。当然，民主化管理并不是没有硬性规定和强制执行的问题，如对传染病的强制隔离和治疗、对随地吐痰的罚款，等等，军事上更多些，但这些强制是符合公共利益的，是和民主不矛盾的。

2. 非管理人员参与管理的问题

非管理人员和管理人员并没有严格的界限，只是分工不同，管理人员也要遵守制度。非管理人员参与管理，可以调动其积极性，发挥全体成员的聪明才智，一道把本单位的工作搞好。使非管理人员自觉参加管理，提供改进意见，可以节省时间，提高效率，也可使其心情舒畅。否则，管理人员与非管理人员之间产生一些不必要的误会和矛盾，常常会妨碍管理工作和损害大家的共同利益。

3. 管理人员要善于听取各方面的意见

“兼听则明，偏听则暗。”决策需要各种方案，选择最佳方案是管理者的职责。在千头万绪、眼花缭乱、似是而非、似非而是的情况下，能选择出最佳方案的管理者，才算是高明的管理者，其决策才是正确的决策。如果只片面欣赏某一种方案，那就不可能有好的决策。要做出正确的决策，就应鼓励大家提意见，不能只听顺耳之言，忠言往往逆耳。决策者不能只听一种意见，要让大家从各方面挑剔自己的方案，这样真理才能越辩越明，工作才能做好。这样做的好处有很多，如下所示。

第一，有利于统一思想认识，也有利于使决策者汲取不同意见。

第二，有利于形成好的工作风气，使大家把聪明才智用在改进工作上。

第三，激发人们的想象力，使大家敢于发表意见。正反两方面的、正确的和错误的、完善的和不完善的意见都摆出来，使大家受到启发，从而开动脑筋去思考问题。

第四，集思广益，不为偏见所蔽，使方案更进一步完善。英国著名文学家萧伯纳说过，一个苹果和一个苹果交换，仍是一个苹果；一种思想和一种思想交换，就是两种思想了。这有利于发挥人的主观能动性。

第五，通过集体讨论，可以制订出几种方案，有可供执行的，还有预备性的，最好的一种方案可能就在其中。打仗需要预备队，工作也应有预备方案。

第六，群众性的合理化建议可以弥补管理者个人考虑的不足，可以把大家的好意见吸收进来，及时研究改进工作，免得问题成堆，也可以使大家共同朝着一个目标，努力做出自己的贡献。

（八）自主性原则

自主性原则指的是在高校教育管理过程中提高大学生的主体意识，调动大学生参与管理活动的积极性，更好地实现自我管理和自我服务目标。高校教育管理的自主性原则，是通过两个方面来决定的。一方面有利于育人目标的实现。管理的目标是育人，这就要求实现外在行为规范到内在思想观念的转化，从而支配管理对象的行为。如果不调动学生的主观能动性，学生就难于接受管理，管理的实效性就难于发挥。另一方面有利于满足学生自主管理的现实需求。现代高校教育体制深受市场经济的影响，自由、民主、平等、竞争等意识对高校师生的影响越来越深，大学生逐渐从原来受管束的集体变成一个个拥有自主意识的独立个体。他们渴望能在各项管理事务中做自己的主人，自己管理自己、自己服务自己。高校教育管理的自主性原则体现着当代教育自由开放的新面貌，要想贯彻好这一原则措施，需要做到以下三点。

1. 唤醒学生的自主管理意识

自主行为需要自主意识来引导，要想充分调动高校学生在管理活动中的积极性，就需要唤醒他们的自主管理意识，使其乐于接受自助管理的安排措施。

2. 打造学生自主管理的平台

实现学生自主服务和管理，还需要为学生打造一个相应的管理平台，建立完善的管理机制，吸引学生勇于尝试自主管理，激励学生广泛参与到自主管理中来。打造学生自主管理平台是实现自主性原则的有效渠道，通过这一渠道，保证了学生的自主管理行为是有物质支持的。

3. 加强对学生自主管理的指导

学生的自主管理是具有一定前提的，没有约束的自主管理不能称为有效的自我管理。要想保证学生自我管理的顺利进行，还需加强对学生自主管理的指导，确定好管理的方向和规则。指导学生如何进行自主管理需要从四个方面抓起，即明确规定、定好标准、做好监督、及时反馈。只有做好这四方面的工作，才能掌控学生自主管理工作的主要方向，确保管理工作不偏离原目标，顺利进行。

（九）激励性原则

激励性原则指的是在高校教育管理进程中，为调动学生的积极性和创造性，将学生的潜能最大限度地发挥出来，采用一定的物质和精神手段来激励刺激学生，以更好地完成管理工作。

激励的效果取决于在激励过程中采取的手段、方式能否针对大学生的发展实际、能否满足大学生的需要、能否在大学生内心形成自我激励的内在动力等。因此，在高等教育管理中贯彻激励性原则，需要做到以下两方面。

1. 运用正向激励手段

正向激励手段指的是那些具备科学性和合理性的激励机制，运用正向激励手段对于调动大学生积极性、创造性，激发管理意识，改变行为习惯具有正面的影响作用。正向激励的方式可以分为两种，其一是物质激励，其二是精神激励。物质激励就是指利用金钱或实物等对学生进行激励，由于物质需求的满足是人生存发展的必备条件之一，因此这种激励方式是可行的。而精神激励则指的是通过表扬、鼓励或给予荣誉等精神奖励对学生进行激励，由于正向的精神激励可以推动学生将外部的无形力量转化为内部的奋斗动力，因此这一方式也能有效地激发学生成长成才。在高等教育管理中，要协调好物质激励和精神激励的关系，依据学生的实际采取相应的激励手段，确保强化管理效果。

2. 通过榜样进行激励

好的榜样能够激励人们奋发向上、勇敢坚强，向人们传递着满满的正能量。通过榜样进行激励的做法，是既直接又有效的，人们在榜样身上不仅能找到奋斗的方向和目标，还能学习为人处世的道理。因此，在高校教育管理进程中，高校要善于为学生树立榜样、宣传榜样，鼓励学生学习榜样、成为榜样。

二、高等教育管理的特殊原则

（一）教育机会均等与择优培养原则

这是针对高等学校与学生之间相互选择而提出的，教育机会均等原则与择优培养原则，二者既有一定的矛盾性，又有一定的兼容性，前者是从公平出发，后者是从效率出发；有时择优培养又正是以机会均等为前提的。

教育机会均等原则强调人们应该享有平等或公平的教育机会。谈到教育机会均等，其最大的目的是实现普通人教育的民主化以及使人获得更多平等的权利。教育机会均等原则对于打破高等教育中的门阀观念和英才主义、促进高等教育入学机会的扩大具有积极意义。但是，如果把教育平等仅仅归结为教育机会均等，或是片面夸大教育机会均等的意义，甚至认为教育能解决一切不公平的问题，那也是有失公允的。具体原因如下所示。

①教育机会均等的实现需要以经济平等为前提，事实上，现代社会还未达到这一程度。

②教育的平等不能仅仅归结为教育机会均等这一起点性的平等，同样也不能将受教育者拥有获得成功的平等机会与教育平等相提并论，这其中应当包含使人得到发展而获得平等参与社会生活的能力这一终结性的平等。

③教育平等包含于社会平等，它能在一定程度上促进社会政治和经济的发展，但其影响力也具有局限性。如果不能真正解决社会中经济、政治不平等的问题，只承认教育平等也是徒劳的，只会助长更多不平等现象，而无法达到真正意义上的平等。

在高等学校的办学和管理中，人们普遍认同教育机会均等这一原则。在实施这一原则时，由于存在着各种办学资源尤其是经济资源的限制，为了提高办学和管理效益，择优培养原则就显得十分重要。首先，个人能力的发展不仅应该有益于个人，还应该有益于国家和社会。既然高等教育资源目前还是一种短缺资源，那么更应该让才智出众的学生首先享有高等学校的入学机会。其次，教育机会均等意味着增加高等教育入学机会，这会导致大量平庸的学生进入高等学校，为大量平庸学生支付经费，最后极可能导致高等教育贬值，带来学术上“劣币驱逐良币”的“格雷欣法则”。如果过于强调扩大高等学校入学机会，则会降低高等学校办学水平和效率。可见，在倡导高等学校入学机会均等原则的同时，为了效率，不能不考虑择优培养原则。

（二）学术自由与教育的责任原则

这是针对高等学校与教师之间的关系而提出来的，“学术自由”的提出可归功于德国教育家威廉·洪堡，随后学术自由思想得到了广泛的传播，并逐渐成为全世界高等学校办学和管理中的一种普遍信念和原则。

学术自由原则之所以得到普遍的认同，主要原因有二。其一，从认识上看，学术要想获得繁荣长久的发展，就要抵制各种利益集团的诱惑。其二，从社会利益来看，学术的发展在一定程度上也可以促进社会的进步，为社会带来长远的利益保障。维护学术自由并不是为了教师和学生的便利，而是为了社会的利益。

关于学术自由也存在某些争议，如在学校里对学术自由的追求可能使学生接触许多不合时宜或有害的观点，为了对学生的成长负责是否应对学术自由有所限制？又如，学术自由是基于科学的发展可以自动推进社会进步这一信念的，但在这种信念的支持下，产生了从战争灾难到环境恶化等一系列破坏性的后果，在学术自由的幌子下甚至还会有伪科学的泛滥。面对诸如此类的局面，人们极自然地会想到大学教育的责任与良知。教育应该对个人、对社会负责任，在负责任的基础上，提供学术自由，这种自由也是一种负责的自由。大学教师既要追求学术自由，又应具有责任感和正义感，为学生的发展、社会的进步肩负起应有的责任。因而，教育的责任原则总是与学术自由原则相伴而生，二者相互制约，既彼此对立又相互促进。

（三）学术自治与社会参与原则

这是针对高等学校与社会之间的关系而提出来的。在此，它主要指的是办学自主，因而又称为自主办学原则，是高等学校处理与政府和社会之间关系的一条重要原则。

高等学校的学术自治传统来自中世纪的大学，当时的学术自治包括高等学校的某些特权。随着社会的变迁，原来包含在学术自治中的特权因素不复存在，学术自治主要是强调要让学者们自己管理自己的事情，避免外部不适当地控制和干预高等学校的学术自治，在于避免国家或其他某些利益集团对高等学校办学的不适当的干涉，以更好地维护学术自由，使高等学校在办学上始终保持一种主动性的活力和自适应的机制。但是，学术自治也易发展为自行其是，甚至把高等学校引向散漫、偏执保守、排斥改革。在现代社会中，高等学校正承担起越来越多的社会职能，而且它也不可能做到完全自治所要求的经费独立。因而，高等学校在追求学术自治的同时，也不应拒绝社会参与。

学术自治原则与社会参与原则的结合，要求高校在实践中，一方面要避免外部过多的干预；另一方面，要有适应社会需要和为社会服务的自觉意识和责任感，也要争取政府和公众对自身的支持、信任和理解。如果高等学校没有了公众的信任和支持，自治也便成了空中楼阁。

三、确立高等教育管理原则的依据

原则是人们对事物的客观规律的认识和反应，是指导人们观察和处理问题的准则。由于规律具有不以人的意志为转移的客观性，因此，原则也应该具有一定的客观性。任何管理活动，总是自觉或不自觉地遵循着某种原则，这就是管理原则。为了使管理活动有效，管理原则必须符合客观规律，并且不断地随着社会的变化而发展。

高等教育管理原则是从事高等教育管理工作时应遵循的活动准则和基本要求，它反映了高等教育管理活动的特殊性规律和特点。确立高等教育管理原则，既要借鉴现代管理的一般理论，又要充分考虑高等教育管理的特殊背景；既要追求理论上的相对完备性，又要强调对实际工作的指导意义。尤其要分析各条原则是否涵盖以及在多大程度上涵盖整个高等教育管理领域，从而给高等教育管理原则以科学、客观、合乎逻辑的定位。我们从以下几个方面来分析高等教育管理原则确立的依据。

（一）高等教育管理活动的客观性

管理存在自身的规律，管理活动必须遵循这些规律。对于一般的管理活动来说，其工作的主要内容就是厘清管理过程中的逻辑规律，发现其本质联系。现代行政管理的工作思路就是针对行政管理活动，开展相应规律的认识和探索。行政管理思想经历了工业管理、结构主义等发展阶段。如今教育管理在不同场合、不同程度上借鉴了行政管理思想。如人际关系理论注意到员工的积极参与、合作以及团体的凝聚力，有可能使生产效率得到提高，这种思想也影响到了教育行政管理人员，他们寻找方法提高教师和学生的积极性和主动性，以期最大限度地发挥他们的创造力。

与一般的管理活动相比，高等教育活动存在一些特殊规律，它们构成了这门学科专门的研究领域。例如，经济效益与社会效益的关系、人才培养与科学研究的关系、学术管理与行政管理的关系等。高等教育管理原则的制定与人们对这些特殊规律的认同密切相关。单纯把从外国管理著作中抄来的理论套用到我国高等教育管理实践中，是不可能提出正确的高等教育管理原则的。

（二）高等教育管理活动的特殊性

高等教育管理活动具有它的特殊性，大学并不是企业，大学是事业性机构。目前，中国高等教育管理体制也好，中国大学的内部管理体制也好，与现行的中国行政管理体制在本质上没有太大的区别。行政组织级别、行政干部级别、行政工作职能、行政工作制度、施政程序等，无不打上政府行政管理的烙印。

中国高等教育管理对企业管理的借鉴不是太多，但是企业管理对大学内部管理的影响正在逐步加深。不过，企业管理对大学管理的影响最先反映在管理的方法上，主要是探讨借鉴企业管理的方法，如“目标管理”“绩效管理”“能级管理”“人本管理”等的思想和方法。

中国体制改革的深化，必将影响到高等教育体制改革，改革的趋势与结果必将是高等教育行政管理越来越弱化，适应现代市场经济社会的高等教育管理思想和方法将会出现。

（三）高等教育管理原则的系统性

教育管理原则不应是零散的，而应构成一个系统，该系统具有整体性。

高等教育管理原则体系的整体性在于各个原则始终围绕怎样提高高等教育管理效率这一目标来探讨，没有一条原则能脱离原则体系整体而存在。只有存在于整个原则体系中，每一条原则才有它的功能。而且原则体系的功能是以整体功能而论，而不以某一条原则的功能而论，原则体系的整体功能不等同于各条原则功能的简单相加。各条原则只有在原则体系整体功能目标即提高高等教育管理效率的指导下，以合理的方式相互联系在一起，并充分发挥各自功能，才能保证原则体系整体功能的实现。

高等教育管理原则体系的目的性在于利用原则指导具体的高等教育管理实践活动，使管理活动更符合客观规律，从而提高高等教育的管理效率。

高等教育管理原则体系的关联性是指涉及高等教育管理过程的各条原则应该相互依存、相互补充、相互制约。

第六章　高等教育管理的价值冲突与价值实现

高等教育管理价值冲突研究是高等教育管理价值研究的必要内容，高等教育管理价值冲突的解决是高等教育管理价值研究的重要目的。高等教育管理价值冲突解决得好，就可以以最小的管理成本获得最佳的管理效益；反之，就可能会出现不必要的成本浪费，得不偿失，甚至有失无得。所以，高等教育管理价值冲突的有效、有益的解决就成了高等教育管理价值研究的至关重要的问题和极其重要的目的。本章分为高等教育管理的价值冲突和高等教育管理的价值实现两个部分。主要包括高等教育管理的价值、高等教育管理价值冲突的表现与解决、高等教育管理价值实现的解读、高等教育管理价值实现的障碍等内容。

第一节　高等教育管理的价值冲突

一、高等教育管理的价值

（一）高等教育管理的价值内涵

高等教育管理的价值在广义上可以指高等教育管理对于人的一切意义，这种意义包括高等教育管理的一切有用性。它是在人与高等教育管理活动的关系中体现出来的积极意义或有用性，高等教育管理只有当符合或能够满足人们的需要，在人与高等教育管理之间形成价值关系时，高等教育管理才有价值（有用性）可言。“价值”这个词语，广义上既包括高等教育管理的目的性价值，又包括高等教育管理的工具性价值。前者如高等教育管理的对自由、平等、公平、正义、人性、人的全面自由发展的意义；后者如高等教育管理在效率、民主、法治、秩序等方面的功能与作用。但我们不能将高等教育管理的功能与作用列入高等教育管理的价值。过分庞大的高等教育管理的价值内容并不利于我们对高等教育管理的价值进行具体而深入的研究。因此，对高等教育管理价值的内容范围还是做适度限制为好。

高等教育管理的价值以“高等教育管理与人的关系”为基础。人是高等教育管理价值的主体，高等教育管理的价值是人的制造物。人与高等教育管理的关系抽象地说就是哲学上的主客体关系，具体地说即高等教育管理的价值关系。高等教育管理的价值是在高等教育管理的价值关系中产生、存在，并体现出来的。没有价值关系，高等教育管理的价值就没有产生和存在的社会基础。

高等教育管理的价值客体是高等教育管理。作为价值客体的高等教育管理可以称为高等教育管理现象。高等教育管理的价值客体首先是指高等教育管理的体系、制度以及规范；其次是指以社会状态存在的高等教育管理，包括高等教育管理的运行过程及现象；最后是指以观念形态存在的高等教育管理。高等教育管理的价值客体可以是高等教育管理的体系、制度、规范、事实等。高等教育管理的价值客体的内容是非常丰富的。

高等教育管理的价值是高等教育管理所有属性的表现。如果高等教育管理根本就不具有可以实现自由、民主、平等和促进人的全面发展等价值的属性基础，高等教育管理将不可能具有相应的价值。不能单纯地认为高等教育管理的价值是高等教育管理的一种内在属性。这是一种将高等教育管理的价值等同于高等教育管理的属性的观点。因为高等教育管理的价值取决于高等教育管理的属性，但并不等于高等教育管理的属性。高等教育管理的价值是以高等教育管理的属性为基础的。

（二）高等教育管理的最高价值准则

高等教育管理的最高价值准则是高等教育管理的终极追求。多数学者都认为高等教育管理的最高价值准则是公正或者正义。其实，高等教育管理的最高价值准则应当是人的全面发展。人的全面发展是人和社会发展的终极目标，高等教育管理是社会产物，它必然且必须服务于人的全面发展。人类一直在为谋求其全面发展而不懈努力。

（三）高等教育管理价值的存在形式

高等教育管理价值的存在形式是非常多样的。对于多种形式的探究，是深化对高等教育管理价值的认识的重要视角，在此仅就主要的存在方式做一个简要的描述。

1. 明示和暗含的存在形式

高等教育管理的价值可能是明示的。所谓明示的存在，即以高等教育管理的法规、政策、制度、规定等明确记述的方式存在。高等教育管理的价值的许多内容都可能是以明示的形式存在的。高等教育管理的价值也可以以暗含的方式存在于高等教育管理的法规、政策、制度、规定之中。

2. 观念、理论和制度的存在形式

在有些哲学家看来，价值意识可以作为精神形态独立存在。如德国当代价值学家、现象学价值伦理学的创立者舍勒认为，价值就如同颜色，是可以独立于其载体之外而存在的。舍勒所称的价值已上升至精神形态，是一种独立的价值意识。马克思的价值概念，同样也具有独立的意识形态上的意义。

价值关系意义上的精神产品，是指由人们创作并记载流传的、能满足价值主体需要的思维成果。精神产品虽然离不开承载物（如石木、纸张、胶片、磁盘、网络），但其价值客体的利益形态不在于实体物，而在于物之上所承载的意识形态（如思想政治理论、道德价值观念）、技术知识、信息符号、文艺作品和其他精神产品等的有用性。至于哪些精神成果可以作为价值客体或可以进行有效利用，政府的政策法规和社会伦理规范都有具体规定。马克思称宗教是人民的精神鸦片，社会主义社会是禁止传播邪教、恶俗等麻醉人意志的不健康精神品的。

高等教育管理的价值可以以理论的形式存在，这种形式的高等教育管理的价值由特定的学问家所创设，并以理论形式予以记载。高等教育管理价值的理论形式是观念形式的升华，高等教育管理的价值还可以以制度的形式存在。制度的价值是在人（主体）与制度（客体）的关系中体现出来的制度的积极意义或有用性。以制度形式存在的高等教育管理的价值，既可能以原则形式存在，又可能以规范形式存在，但无论怎样，它们都有自己的价值依据和价值追求。

二、高等教育管理价值冲突的解读

对高等教育管理价值冲突的含义的探究是价值冲突研究的基本内容。高等教育管理的价值冲突是高等教育管理发展的结果，也是社会发展的结果。高等教育管理的价值冲突的发生本身就会在一定意义上推进社会发展和人类思维的进步。

（一）是指价值准则与观念本身固有的内在矛盾及其现实化

高等教育管理的价值冲突首先指的是价值准则和观念本身固有的矛盾。价值准则是在人类生活中逐步固化与精炼形成的基本观念。人类活动的多目标性，既是人类进步的表现，又是人类社会发展的必然。多种目标就意味着多种价值选择与价值追求。这些选择与追求之间存在某种冲突是必然的。比如自由与秩序之间、自由与民主之间、公正与效率之间、秩序与正义之间都会有内在的矛盾存在。这些矛盾一旦体现在社会的实际生活之中，它们就会成为社会现实的价值冲突。

（二）是指不同价值主体之间相互对立的情形

高等教育管理的价值冲突也表现为不同的价值主体在价值观念、认识选择等问题上的相互对立。这是由价值主体的意识性与多元性所决定的，只要价值主体是有意识的，不同的价值主体之间，甚至同一价值主体自身就会产生在价值上的矛盾情形。就不同主体来说，则表现为相互之间在价值问题上的不一致和相互矛盾。就同一主体来说，则表现为在相关问题上的迟疑不决、自相矛盾、彷徨痛苦、无所适从等。除了人的意识属性会导致价值冲突之外，人的多元性同样是价值冲突的根源。由于人有意识存在，人又以多元的状态存在，人与人之间、人的群体与个体之间、人的群体与群体之间乃至人与社会之间都会产生价值上的矛盾情形，从而构成价值冲突。这些价值冲突如果是与高等教育管理相关或者是存在于高等教育管理的某个方面与环节，就形成了高等教育管理的价值冲突。高等教育管理的价值冲突如同其他价值冲突一样，可能是不同主体在观念上的分歧，也可能是在认识上的差异，还可能是在选择上的对立，甚至可能是同一主体在这几个方面的难以抉择。

（三）是指高等教育管理体系、制度、政策冲突中的价值对立状态

高等教育管理的价值冲突还大量地存在于不同高等教育管理体系、管理法规、管理制度、管理政策之间。不同的高等教育管理制度会存在着某种价值冲突，这是难以避免的。市场经济下的高等教育管理制度体系的价值必然不同于计划经济下的高等教育管理制度体系的价值；民主法治的高等教育管理制度体系的价值必然不同于专制集权的高等教育管理制度体系的价值。如果这些高等教育管理制度体系不是并存的，就不会有冲突的问题。但是一旦不同性质的高等教育管理制度体系并存或相互作用、相互转换，高等教育管理制度体系的价值冲

突就会表现出来。从高等教育管理制度的意义上说，市场经济下的高等教育管理制度体系首要保障的是自由、效率、民主、法治、秩序等价值的实现。另外，在同一高等教育管理制度中也会有价值冲突。因为一个高等教育管理制度所调整的都不是单一的价值目标，所以就是在同一高等教育管理制度之中也会有规则之间的价值冲突。高等教育管理制度、规则等都蕴含和体现着一定的价值观念，遵循和追求着特定的价值目标。自身的表述乃至对高等教育事件的解决，也有着价值上的取舍，价值冲突当然存乎其间。

高等教育管理的价值冲突是必然的，但高等教育管理的价值冲突并不是人类不期而遇的麻烦，也不是人类无可奈何的烦恼。其实高等教育管理的价值冲突具有积极的社会意义和实践意义。首先，高等教育管理的价值冲突导源于人的意识的多元性，价值冲突的出现是人类思想丰富的具体表现。其次，高等教育管理的价值冲突的解决是人类进步的阶梯，是人类进步的表现。

三、高等教育管理价值冲突的表现

（一）高等教育管理的价值观念的冲突

高等教育管理的价值观念的冲突表现在主体自身的价值观冲突和主体相互的价值观冲突。主体多重属性的相互矛盾引起主体自身的高等教育管理的价值观冲突。在如此复杂的社会环境中，即使同一主体从同一角度出发，也可能会产生不同的高等教育管理的价值认识和价值追求。如果这些不同的高等教育管理的价值认识和价值追求不能得到很好的协调和统一，那么就会产生高等教育管理的价值观念冲突。主体一旦出现冲突，那么自己就会变得很彷徨。而对于管理者而言，坚持制度原则与追求正义公平之间就会产生冲突，这就是自身的冲突。高等教育管理的价值观冲突在一定程度上都是由时代的差异所导致的。因此也就存在着当今高等教育管理的价值观与历史高等教育管理的价值观的冲突、当今高等教育管理的价值观与将来的高等教育管理的价值观的冲突，其中前者是人们比较关注的冲突。

（二）高等教育管理的价值准则的冲突

高等教育管理的不同价值准则具有不同的价值目标。它们之间难免会有相互的矛盾。基于不同价值准则的高等教育管理具有不同的价值目标，它们之间产生矛盾是必然的。高等教育管理的价值准则的冲突主要表现在以下几个方面。

1. 自由与民主的冲突

自由与民主的侧重点不同也决定了二者之间会有冲突产生。自由侧重于个人意志的自由、行为的不受约束以及自身的发展，而民主则侧重于人与人之间的关系的对等。自由立足于主体自身，民主立足于人与人之间的关系。自由和民主同样重要。但是如果必须在两者之间做出选择，那么，有人认为自由更加重要，这就是说，每个人都应该自由地生活并且不受限制地发展；而有的人认为民主最为重要，因为任何人不应该受到歧视，社会各阶级之间的差别不应该如此大。高等教育管理的自由价值和民主价值的冲突，主要表现在高等教育管理制度的制订上，到底是把自由摆在第一位，还是把民主摆在第一位。当然在具体的高等教育管理的过程中也有类似的冲突。

2. 自由与秩序的冲突

自由强调的是主体个性的发挥，而秩序强调的是有序状态的建立与维持。自由难免有打破既有平衡—秩序的趋势，秩序又在一定程度上压抑自由。因此，二者之间发生冲突就在所难免。在高等教育管理上强调自由高于秩序的主张包括三种情形。一是认为，高等教育管理及其确保的秩序在制度制订上必须对自由做出退让，它只能是自由的肯定者、保护者而不是自由的否定者、妨碍者。自由绝对地高于高等教育管理及其秩序，高等教育管理及其秩序绝对地服从自由。二是认为，在既定的高等教育管理之下，在高等教育管理过程中，当自由与秩序发生冲突时，应强调自由而不惜牺牲秩序。三是认为，自由全面地高于高等教育管理及其秩序，以秩序损害自由的高等教育管理本身不是良好的高等教育管理。为了自由，不仅可以不要秩序，还可以不要法制和管理制度。自由与秩序的关系，是辩证的对立统一关系。二者在实际的高等教育管理过程中的对立，往往令教育学家和管理学家难取难舍，甚至无所适从。

3. 秩序与正义的冲突

秩序与正义作为管理的价值来说一般是可以协调地并存的。然而二者之间也难免会产生冲突。从抽象的意义上讲，秩序与正义各有其利。一般来说，秩序有利于统治，有利于创造安定的社会环境，有利于社会的持续发展和稳步前进。然而没有正义作为基础的秩序，必然是难以长期维持的秩序。正义有利于满足人的精神需求，有利于创设和维护良好的秩序。然而在特定情况下，秩序也会与正义背离，或为了正义而不得不牺牲一定的秩序，或为了秩序而不得不牺牲一定的正义。

（三）真实冲突和虚拟冲突

从高等教育管理的价值冲突的性质来看，高等教育管理的价值冲突表现为真实的冲突和虚拟的冲突。

人们认识的高等教育管理的价值冲突或许是客观真实存在的，或许是主观臆造的。那种客观存在的，非因人们误解产生的高等教育管理的价值冲突，可以称为高等教育管理价值的真实冲突；那种非客观存在的，仅是人们主观误解而以为存在、实际上并不存在的高等教育管理的价值冲突，可以称为高等教育管理价值的虚拟冲突。简单地说，高等教育管理价值的真实冲突也就是实实在在客观存在的冲突；而高等教育管理价值的虚拟冲突则是人们认识上认识错误，以为存在其实根本就不存在的冲突。事实上，许多高等教育管理的价值冲突都是因人们认识错误而出现的虚拟冲突。

四、高等教育管理价值冲突的解决

对于价值冲突，我们应该从一切为了人的全面而自由发展的最高也是最终的价值标准出发进行协调，这样价值冲突就会得到一个合理的解决。

（一）不能机械地坚持以某一价值为中心

价值冲突的解决总是将具体的价值状况作为现实基础，机械地坚持以某种固定的价值为中心，难免会误入歧途。因为在甲环境中，坚持以自由为中心是正确的，但在乙环境中也许只有坚持以民主为中心才是正确的。比如市场经济方面的法律将是以自由为中心的，而社会保障方面的法律将是以民主为中心的。面对价值中心的相对条件性，价值中心论就会受到严重的挑战，甚至被否定。“人类的伦理实践表明，许多冠冕堂皇的伦理‘原则’诸如平等、民主、和平以及一系列人权原则等从来都不是无条件被执行的。”

（二）高等教育产权制度的明晰

中国高等教育的核心价值是输出科研成果和人才，使高校专业人才的培养能够满足社会需求，为社会发展提供更好的便利。这一核心价值的实现在于大学必须成为真正独立的实体，并能够根据法律和自己的特点发展自己。

因此，要建立科学的高等教育管理体制，最重要的问题是按照政校分开的原则，将组织、管理和办学的权利分开，使这三个方面成为独立、平衡的主体，履行各自的职责。如何有效实现三权分立？通过建立委托代理制度，可以实现这些权力的合理合法分离，实现办学自主权、管理权和经营权的分离。委托代理制度是一种有效的分权形式，广泛应用于现代社会的各个领域。

所谓委托代理，是指一方以法律合同的形式将其部分行为给予另一方，而另一方根据委托人的要求具体执行另一方的行为。委托代理制度是一种法律契约制度，当事人在法律上享有平等权利。为了实现三权分立，可以实施以下几种措施。

①实现举办者与管理者的分离。在中央和省级政府组建国立或省立高等学校代理机构，代表国家行使投资人的权力，对相应高校运营状况进行管理和监督。

②规范管理者的职能。高校教育部门应对高等教育实施宏观管理，从大体方向上把握与制定高等教育发展战略规划，对高校进行教育监督和评估，提供合理科学的服务产品。

③明确高校的法人地位。大学领导班子作为政府委托人，向委托者负责，代表委托者具体管理学校的事务。通过委托代理制度形成的三方关系表现为，高等学校按照教育部门决策要求，向委托代理机构负责并开展办学活动；委托代理机构向政府负责，组织和监督高等学校履行应有的行为。

（三）高等教育外部环境“社会化”的建构

社会不仅是高等教育的消费者，还是高等教育资源的提供者和支持者。受计划体制的影响，我国高等教育社会化程度较低。根据我国的实际情况，高等教育外部环境“社会化”的建构主要有以下四个方面。

1. 多元化办学体制的形成

应建立以政府办学为主体、社会各界共同办学的体系。该体系的建设将极大地改变中国大学过于简单化和多元化发展的现状。除了现有的两种主要高等教育形式之外，还应发展其他形式的高等教育，如公办民助的形式、民办公助形式等。

2. 限定政府的权力

由“全能政府”向“有限政府”转变。由微观、直接管理转变为宏观间接管理。由高度的中央集权转变为分权和共治。限定政府权力的基本途径有以下两种。一是加强立法，明确政府的职能，确保其不越位，明确政府的角色定位和管理范围。二是简政放权，一方面，要进一步精简教育行政部门的内部结构和人员；

另一方面，要理顺政府各部门之间的关系，规范政府各部门的行为。

3. 建立中央与地方两级管理、以地方为主的管理体制

实行两级管理有利于管理更加符合地方经济发展的要求，也有利于缩小中央政府的管理范围，提高管理的科学性。中央和地方政府之间的权力分配对大学的内外环境有重要影响。在下放中央权力的同时，地方政府应建立明确的财政转移支付制度。制订人均公共支出标准和最低财政拨款标准等；在投资增量方面，要缩小地区城乡差距，逐步消除影响高等教育均衡发展的金融因素，制订和实施高等教育师资配置政策措施，优化高等教育资源配置，实现高等教育持续稳定发展。

4. 构建完整的社会化监督系统

如果政府退出对学校的直接管理，如果校长负责制的监督体系失去保障，高等教育系统就会出现失控的危机。因此，政府教育管理职能的转变绝不是简单的放权问题，在改革“行政指令、计划调控、自我封闭、教育与社会分离”的高等教育管理体制的同时，要发挥学生和学生家长、社会民众、社区人员在高校管理中的监督作用，建立起政府统筹，社会参与，主动服务，教育、社会“一体化”的新的监督体制。监督内容包括高校内部资源配置是否合理，高校组织机构设置是否科学精简，政府干预高校管理的行为是否适宜得当等。

（四）解决高等教育管理价值冲突的基本原则

高等教育管理价值中除基本价值之外的其他价值都必须遵从高等教育管理的基本价值，其他价值必须服从基本价值。高等教育管理的基本价值是一个有机联系的整体：秩序是人类生存的基本条件，民主是人类生存和发展的必需，公正是人类社会得以维持的保证，自由是人类的基本权利，发展才是人类追求的最终指向。它们是一个整体，都共同服务于最终目标——促进人类的全面发展。对于高等教育管理的基本价值，不同的人会有不同的看法。但无论人们如何认识基本价值的基本内容，在衡量高等教育管理制度时，高等教育管理的基本价值总是最基本的评价准则。凡是违反高等教育管理的基本价值的制度都是“恶制度”，至少都不是“良制度”。

第二节　高等教育管理的价值实现

一、高等教育管理价值实现的解读

所谓高等教育管理的价值实现是指高等教育管理的价值目标的现实化的过程与结果的总称，是高等教育管理的价值活动的目的得以现实化的过程与结果。高等教育管理的价值实现也是高等教育管理的价值主体作用于高等教育管理的价值客体，而使客体的高等教育管理的潜在价值、内在价值转化为高等教育管理的现实价值和外在价值，对主体“人”产生期望意义的过程。它是高等教育管理的价值客体的主体化的过程，是高等教育管理在价值方面产生实际影响、效果、效益的过程。高等教育管理的价值实现是一种复杂的社会实践和一项复杂的社会工程。

高等教育管理的价值实现首先是指高等教育管理的价值目标的现实化。高等教育管理的价值目标是非常丰富的，它包括效率、秩序、民主、生命、自由、平等、人权、正义、发展等，它们都是高等教育管理的价值的方向、终点与归宿。高等教育管理的价值目标体现着人们关于高等教育管理的期望和理想。任何高等教育管理的价值目标都是人类在自己的社会实践中概括总结出来，并经过一代又一代人，不断精炼、不断追求而固化的。高等教育管理的价值目标的现实化，也就是人类期望和理想的现实化。

二、高等教育管理价值实现的研究意义

（一）有利于升华人的管理实践

如果高等教育管理的价值实现被忽视，那么说明人们对高等教育管理的价值的研究是不够具体的、不够彻底的。人们对深层次的高等教育管理的价值有深刻的认识，那么就会促进人类的高等教育管理实践。反之，则会阻碍人类的高等教育管理实践。人类的高等教育管理实践体现了人类一系列的价值追求。较低层次的而又是最基本的如生存、安全、秩序、知识等，高一层次的如民主、效率、法治、自由、平等、人权、公正、发展等。如果忽视了高等教育管理的价值研究，人们就难以认识高等教育管理深层的价值追求，就无法使高等教育管理文化达到理想的境界。人们包括教育行政者、高等教育管理者、教师、职工、

学生以及社会相关利益者的关于高等教育的精神活动与理性思考就都被掩藏在了高等教育与高等教育管理的表象的背后。对于高等教育管理的价值是否实现，人们就没有一个相对清晰的认识。对高等教育管理价值实现展开研究，就可以在一定程度上提升人们对高等教育管理实践的理性认识。所以，高等教育管理价值实现的研究，有助于升华人们的高等教育管理实践。

（二）有利于提高高等教育管理和高等教育管理学的理性水平

在高等教育管理实践中，是否贯彻了高等教育管理制度所蕴含的价值，已经成为一个重要问题。高等教育管理是人类理性发展的活动，高等教育管理学是人类理性发展的结晶，是人类重要的精神成就。对高等教育管理学学科的认识，或许一直没有被提升到真正理性的高度。在很多场合，高等教育管理学似乎只是被作为一门经验总结性的学科，没有被看作一门严谨的理论性学科。加强具有极高理论水平、理性层次的高等教育管理的价值及其实现的研究，有利于修正人们对高等教育管理和高等教育管理学的误解，使高等教育管理学在人们的心目中回归其人类精神产品的理性境界，使高等教育管理学在人们心目中不再是最无学问的学问和最无理论的理论学科。

（三）有利于深化高等教育管理的价值研究

如果高等教育管理的价值研究仅仅达到认识一些高等教育管理的价值原理和价值准则的程度，高等教育管理的价值研究就不能达到应有的高度。将高等教育管理的价值实现作为高等教育管理的价值理论中相对独立的一个理论方面进行专门的研究就能够在一定程度上将人类既有的关于高等教育管理的价值原理研究、价值准则研究再向前推进一步；使高深玄奥的高等教育管理的价值理论更加完善，更充满活力，更好地为社会所接受；使高等教育管理的价值准则更好地得以贯彻、实现；使已有的高等教育管理价值研究的理论成果，能较充分地体现出应有的社会意义，转化为促进高等教育管理和高等教育管理学发展的现实力量。高等教育管理的价值实现研究有助于使既有的高等教育管理的价值理论不再是理论家在书房里的文字游戏或者论坛上的高谈阔论，而是可以在高等教育管理实践中运用的理论真谛。

三、高等教育管理价值实现的目标协同

（一）实现政府政治与经济价值的利益诉求

我国高校主要由政府出资办学，政府不仅是主要出资人，还是高校办学的监督者和管理者，政府希望高校能履行其职责，以实现自己的利益诉求。

政府的利益诉求一方面指政治利益诉求。即通过高校培养高层次人才，促进政治社会化的实现，进一步推动国家民主政治的发展。另一方面指经济利益诉求，即通过与高校、社会的互动与合作，促进区域经济的发展，提升劳动者的综合素质，提高工作效率，进一步开发服务技术，培养社会所需的高端技能型人才。

（二）实现高校教职员工自身价值的利益诉求

就管理者而言，不仅包括校长，还包括院长、系主任以及其他教学管理人员。他们是课程教学管理的组织者和服务者，在课程教学管理过程中起到组织、领导和协调的作用，他们希望用较少的课程资源和较低的教学成本，实现高水准的教学质量和课程质量，实现人才培养质量的提升。对教师而言，他们是教育产品的生产者和创造者，会直接影响人才培养质量，因此教师是最核心的利益诉求者。他们希望有机会参与课程管理，希望给予其应有的社会地位和人格尊重，希望得到组织对其课程教学能力和成果的认可，以此实现个人的自身价值。

（三）实现学生人力资本增值的利益诉求

高校之所以存在，学生是主要原因，无论是课程教学质量的提升，还是人才培养目标的实现，毫无疑问都离不开学生的配合。他们希望有机会参与课程管理，获得所需的知识和技能，提高综合素质和就业能力，以此满足自身发展需求，从而使个人资本增值的利益诉求得以实现。

（四）实现企业等社会力量得到投资回报的利益诉求

企业是高校课程教学和科学研究的主要合作者和支持者，企业期望高校能为其提供高素质人才，正如知识生产的溢出效应一样，对企业发展起到带动作用。同时，企业也是高校进行课程实践的支持者，通过为高校提供科研场所和实践基地，让高校能更高效地利用资源，提高办学效益，提升人才培养质量，为企业提供所需的技术和人才，以此实现投资回报利益最大化。

四、高等教育管理价值实现的障碍

（一）高等教育管理价值实现的客观障碍

1. 高等教育管理制度上的价值实现障碍

不同的管理制度可能是由不同层级的不同决策者制订的，立法者、决策者们由于在价值认识上存在差异，可能在高等教育管理法规、政策刚一制定的时候就注入了相互矛盾的基因。尤其是在教育行政系统内的不同层级之间、高等学校的不同层级之间，更容易出现不同政策制度规定之间的价值冲突。

2. 社会现实中价值实现的障碍

（1）社会客观条件的缺乏

高等教育管理的价值实现需要一定的物质条件。以高等教育管理的自由价值为例，如果高校教师没有一定的生活保障，自由总是有限的，即使规定了足够的自由，最终也只是纸上的自由而已。高等教育管理的价值实现还需要一定的文化条件。在一个对自由没有理性认识，人们既不知道自己有哪些自由，又不尊重他人的自由的社会中，自由是没有保障可言的，高等教育管理的自由价值是无法实现的。

（2）传统文化与宗教价值观念影响

宗教是一种文化现象，由于人们对其有一定的信仰，其价值观念对于高等教育管理价值实现的影响更是不可低估。如西方社会基督教文化中的捐赠文化就给西方高校带来了大量的捐赠基金收入。传统文化价值观念也具有同样的作用。厦门大学长期以来都收到了来自海内外校友的大量捐赠，捐赠基金对厦门大学的建设和发展起了重要的作用，其中一个原因就是闽南文化中的“捐赠助教开化向善”的意识在起作用。

（二）高等教育管理价值实现的主观障碍

社会民众对高等教育管理价值的误解是十分普遍的，无论是过去还是现在的许多游行事件，基本上都是由社会民众对高等教育管理的价值的误解引发的。

1. 对高等教育管理价值的误解

公众对高等教育管理价值的误解十分普遍，这是一种自古以来就存在的社会管理现象。历史和现实中的许多集体罢教、罢学、罢课事件以及游行示威事件都是社会民众对高等教育管理的价值的误解所导致的。

2. 对高等教育管理价值的偏执认识

行政管理人员对高等教育管理价值的偏执认识，必然会导致违法、渎职、失职的行为。有的行政管理者明知收受贿赂是违法的，可是仍然违背管理的价值而故意为之，导致失职渎职、违法行为发生。尤其是在高考招生录取、大宗财物的招投标等过程中经常发生。

（三）教学管理组织的权利性倾向严重

教学管理组织本身是为实现学校教育教学目标而形成的高效的管理组织，该组织动态地管理学校中的许多教学元素。然而，在我国高校教学管理中，教学管理组织的权力倾向往往非常严重。“权力—强制”策略虽然是教学管理的一种手段，但它不是唯一的手段。在教学管理中，如果过分强调组织权，以强制手段进行管理，教师会产生消极情绪，学生会产生逆反心理，教学质量不会提高，管理会出现被动局面。高校教学管理的目的是提高教学水平，培养优秀人才。要实现这一目标，教学管理机构应合理运用权力，充分发展民主，采取合作管理方式，充分调动管理人员、专业人员、教师、学生和校外人士的积极性和参与性，促进教学工作的发展。

（四）教学管理组织的运作模式相对单一

目前，我国高校管理普遍采用分层管理模式，即从校长到学生，一级一级地管理。在教学管理中，我们应该采用适合我校发展的通用管理模式，辅之以其他管理模式。目前我国的教学管理组织的运作模式相对单一，可借鉴以下模式。

1. 问题解决模式

该模式由一线教师创建并实施，以解决教育中的实际问题。其理论基础是实用主义哲学和自由市场理论。这种模式的主要特点是诊断和识别教学管理过程中的实际问题，认真分析内外因素，自觉自主地解决新问题，遵循问题—解决—新问题—再解决的程式向前发展。

2. 研究—发展—推广模式

这一模式的理论基础是理性主义和威权主义。它主张任何管理都是一个研究、开发和推广的过程。教学管理者应根据实际情况进行研究，并在适当的阶段以适当的形式公布研究结果。即使一些管理变革遭到拒绝，它们最终也会得到施行，使人们从中受益。

3. 管理互动模式

这一模式的理论基础是社会合作和人际关系理论，其精神实质是合作和沟通。在教学管理中，人与人之间相互影响，行为受到限制。然而，一些难题可以通过宣传、交流和角色交换来解决。例如，学生代表与校长面对面交流，管理员与教师开展交流等。教学管理模式有多种。在管理实践中，每所学校都应该根据自己的情况选择合适的模式，并不断学习和探索新的模式，以适应大学的发展和社会的需要。

（五）教学管理方法陈旧

高校教学管理方法是实现教学目标和完成教学任务的关键。掌握和运用有效的基本方法对提高管理绩效具有重要意义。然而，当今的许多教学管理方法十分陈旧，教育应该创新，科技应该创新，人才培养应该创新。教学管理方法也应该是新颖的，而不是陈旧的。学校的教学管理本身具有权威性、强制性和直观性。如果不注意管理方法，必然会导致主观主义和命令主义的错误倾向，伤害师生感情。在科学教育飞速发展的今天，要想在管理上取得成就和效益，就必须选择合适的方法，并有效地将各种方法结合起来，达到事半功倍的效果。选择教学管理方法应注意以下几点。

1. 要在适当的范围内选择适当的方法

任何方法都不是万能的，都有一定的适用范围。如果教学管理方法使用不当，将会有明显的局限性。例如，在教师管理中，如果过分强调上级的权威和集权，就会容易导致官僚主义，不利于下级和群众的主观能动性和创造性的发挥，管理的适应性和灵活性就会受到限制，横向联系容易被忽视，部门之间的沟通和协调也会受到影响。因此，教学管理方法不能单一，应该在适当的范围内选择适当的方法。

2. 要在正确态度的指导下运用方法

作为高校教学管理者，要在正确态度的指导下运用管理方法。首先，必须正确理解和对待管理权力，注重提高自身素质水平，确保管理要求的合理性和正确性。其次，有必要分析管理方法的可行性，以确保有较好的管理效果，这不仅可以促进方法的实施，还可以调动下属的积极性。最后，教学管理者应根据不同时期、不同条件、不同环境和教学工作的特点，在必要和可行的范围内界定管理方法，使之更符合教学管理的要求。

正确的方法可以解决教学中的问题，提高学校的教学质量和效率。不正确的方法会带来问题，并对学校工作产生负面影响。在教学管理中，一方面，管理者应不断提高自身水平，根据具体情况灵活选择各种管理方法。另一方面，要注意与其他管理方法的配合，使教学管理方法发挥更大的实际作用。

（六）教学管理的目标具有局限性

教学管理的目标是由教育的功能决定的。目前，我国高校教学管理的目标主要集中在层次的统一和外部绩效的限制上。这样的目标会低估教学过程中的各种复杂现象，仅仅依靠清晰的行为特征来掩盖教学管理的深度。它体现在三个方面。

第一，教学管理的目标是培养人。学生掌握知识、技能的快慢并不是统一的。他们在生理、心理和社会化方面的变化也是不同的。因此，如果教学管理目标一致，很容易忽视学生个性的发展。

第二，外显的行为目标通常不能准确揭示所有活动的隐藏因素。如果教学目标只从知识的内容上设定，离开具体的教与学行为，离开教师和学生的基本水平，那么各种问题肯定会出现。因此，教学管理目标应全面、合理，并具有个性化的指导功能。

第三，当前，我国高等教育正面临着前所未有的巨大变革，影响学校教学管理的因素越来越随机。这就要求学校要根据实际形式的变化随时调整相关的管理对策。如果教学管理的目标局限于某一个方面，当它不能很好地适应形势的发展时，就会变得更加僵化，灵活性也会降低。

鉴于以上分析，不难看出，在制订教学管理目标时，应加强其积极影响，减少其消极影响，充分发挥目标管理的作用，促进教学管理的发展。我们应该从以下几个方面着手。

1. 科学分析，准确定位

教学管理中动机与可行性的统一要求管理者在科学分析学校情况的基础上，把握需要解决的问题，制订反映学校教学特点、符合实际情况的管理目标。

2. 近期需要与长远利益相结合

针对教学管理目标容易出现“短期化”的倾向，在制定目标时，中短期目标必须与学校教学发展蓝图相统一和协调。有必要确定哪些目标可以通过最近的努力实现，哪些目标可以通过持续的努力实现。当短期发展目标与长期发展目标相冲突时，两者之间的关系必须得到很好的协调。

3. 畅通信息渠道，加强监督反馈

管理者必须建立一个多维交叉的信息网络，密切关注学校教学活动的运行状态是否与既定的目标体系相一致。一旦出现问题，管理者应迅速了解情况，组织相关部门进行讨论，找出问题症结，形成有效对策，通过信息反馈渠道纠正不恰当的管理行为，确保教学管理不偏离目标。

（七）我国高等教育产权存在问题

明确界定和保护教育产权是提高高等教育管理体制效率的基本要求。全面建立和完善现代教育产权制度是我国社会主义市场经济改革和精神文明建设的重点。建立和完善适应市场机制的现代教育产权制度是市场配置教育资源的前提。教育市场的完善和有效性决定并影响着教育资源配置的有效性。只有“产权明晰、权责明确、政校分开、管理科学”，才能有效规范教育资源市场化配置后的办学行为。目前，高等教育产权存在的问题表现在以下几个方面。

1. 管理权的不明确

在国内教育市场机制不完善的情况下，我国教育体制改革和教育资源配置面临诸多制度和政策障碍。最突出的是教育资源配置主体不明确，没有健全的法律和政策支持。从经济学角度来看，高校的投资者应该对其投资行为负责并从中受益，他们必须拥有管理权。高校作为一个大系统，其运行和管理非常复杂，投资办学的投资者往往没有能力办学。因此，他们会委托相关代理人管理和运营学校。

政府是高等教育供给的核心力量。高等教育作为准公共产品，必须由政府大力发展。因此，政府应该成为高等教育投资的最大主体。然而，政府对教育领域的各种事务干预过多，权力范围不断扩大，导致高校官僚行为日益增多。这不仅降低了高等教育管理体制的效率，还导致了政府的失败。

政府应通过设立高等教育机构直接生产高等教育产品，或通过政策安排将高等教育产品和服务委托给社会部门来提供。

至于大学的内部管理，大学并没有真正改变其作为主管部门附属机构的地位，其独立办学的能力有限，难以适应社会的发展。虽然在中央政府的宏观管理下建立了新的地方总体规划机制，但它面临着新形式的教育体制改革，各地区都缺乏适应改革新形势的高等教育经验和管理人才。

2. 收益分配混乱

近年来，关于教育的盈利能力有许多争议。财产权总是与利益联系在一起，离开利益的财产权是不存在的。教育产权的利益主体不仅包括教育投资者，还包括教师。高等教育的收益分配应该规范化。

①对高等教育收益额进行限制。高等教育的独特性造成消费者和学校信息不对称，收费成本难以计量，所以对高校收费价格要通过听证会制度、物价部门审核的办法等进行限制。

②对收益盈利的归属权进行分配。国家通过法律对利润在各权利主体间的分配比例、对积累与分配的比例进行限制，积累要大于分配，保证盈利主要用于学校发展，少部分用于投资者回报。

③通过税收政策调节投资者的回报率。调节流出教育领域的资金，鼓励投资者将利润继续投入学校。

（八）高校内部组织结构存在缺陷

长期以来，中国的高等教育体系一直以官僚组织为特征，缺乏对高校组织自主权的有力支持，导致组织结构和职能过于僵化，缺乏灵活性和创造性，无力应对当前高等教育改革的形势。

我国高等教育管理模式以行政领导为方向，任何重大问题都由最高行政级别决定。行政领导经常存在于科研活动和学术研究中。由于长期依赖政府，大学缺乏创新意识，坚守规则，不会从根本上改革体制，也很少使用社会力量和手段来改变组织，从而导致大学的谈判能力减弱。

马克斯·韦伯的科层组织理论是按照权力等级和严格的纪律理性建立起来的。由于许多传统因素存在，我国大多数大学都遵循传统的等级制模式。然而，这导致了大学内部的组织极其复杂。根据层级原则，学校一级配备完整的职能部门来管理学校的整体职能活动，部门一级配备相应的职能部门来管理部门的内部职能活动。

金字塔式组织结构模式下，高校的组织结构和内外环境稳定。然而，随着社会的多元化发展，大学的目标功能日益多元化，学科的多元化和科研成果的兼容性已成为当今大学发展的总趋势。但是，大学系统内部组织结构严密，部门间相互依赖薄弱，以及各个系统部门的独立封闭状态，影响了大学内部各学科之间的沟通与合作，大学教学研究项目团队无法满足社会对跨学科知识的需求。

（九）高等教育运行机制存在问题

我国高等教育运行机制存在的主要问题包括人才培养与经济社会发展脱节，高校招生、培养和就业三个工作环节分离。一方面，大学生很难找到工作；另一方面，许多单位不能招聘到合适的人才。这种矛盾反映了大学办学目标与市场需求的错位，主要表现在专业学科设置与经济社会需求的错位，以及由此导致的人才短缺，这已成为高等教育发展迫切需要解决的关键问题。

从学术角度来看，让学生接受大学提供的第一手信息是大学教育的首要任务，但应该指出，传统的图书知识并不构成人才素质结构的全部内容。适应现代经济社会发展的人才素质框架应包括健康心理、健全体质和科学价值观等内容。同时，应积极引导学生具备相应的专业技能，以便他们能够根据市场趋势准确及时地做出相应的调整。

因此，专业不是固定的，而是应该从发展的角度来看待，并将其视为一个相对动态的培训体系。总之，要把专业设置、人才培养计划和社会市场需求有机结合起来，综合考虑，努力避免错位。

长期以来，我国高校培养体系中存在着市场导向和学术导向的矛盾，这种矛盾近年来尤为突出。从目前的情况来看，许多高校在制订培养计划时容易犯“时尚”病，往往强调热门性专业，或者将某项技能独立出来就像是“把学生工具化”，否定学生作为社会的人所必须具备的其他素质的养成，把学生当作“产品”进行加工，从而使学生丧失了个性和创造力，使教育丧失了创新的基本功能。

第七章 高等教育质量与高等教育质量评价

高校从用人单位和市场的需求出发，对各种教学资源进行整合、理顺高校各级的组织结构，并依据高校严谨的规章制度，对高校的各种教学过程、教学活动和教学基本建设进行规范，能够在一定程度上提高高校教育质量的发展。本章主要分为高等教育质量、高等教育质量评价以及国内外高等教育质量评价的研究三部分。主要包括教育质量相关介绍、高等教育质量评价的观念以及国内高等教育评价的现状与问题分析等内容。

第一节 高等教育质量

一、教育质量相关介绍

教育质量的概念在不同的时代、不同的时期有不同的内涵，教育质量的概念是随着时代的变化而变化的。它的内涵是动态的。

（一）教育质量的概念

“质量”一词在人们的生产生活中使用得非常广泛，如物质生产部门有“产品质量”、服务部门有“服务质量”、学校有“教育质量”，等等。因此人类活动的各个方面都存在质量问题。教育质量关系到学校的生存与发展，质量一般来说是指某一产品或某一事物的内在规定性，能反映生产或事物（如工作）的优劣程度。高等学校也是出“产品”的单位，但与工厂企业不同，这里所说的产品是指人才，它的生产过程是教育过程。教学效果的水平被称为教育质量。

教育质量能够反映出教学过程的质量。教育培养出的人才的综合素质越高，对社会需求的满足程度越高，教育质量也越高。教育质量首先表现为学生个体对社会经济、文化传统、风俗习惯、价值意识、伦理道德、法律规范等的内化质量；其次表现为教学工作质量，即对教学工作开始之前所设置的德、智、体、美、劳等各项目标的达成程度。

教育质量的标准具有一定的相对性。不同的社会历史阶段对教育质量有不同的标准和要求，在不同的历史时期，人才培养质量的标准随着生产力和科技水平的变化而变化。因而反映在对教育质量的要求上也就不同。但是每一时期的人才培养都以生产力和科技水平为指针，学校培养的人才要及时适应发展需求。

（二）教学质量的形成过程

教学质量是通过教学工作过程逐步形成的。按照全面质量管理的观点，首先，教学工作的质量通过教学质量反映出来。要保证教学工作的质量首先要保证教学质量。其次，教学质量的形成与产品质量的形成类似，需要经过多道工序（或环节）。其中多种因素对教学质量的形成产生影响。因此要通过改进教学、提高教学工作质量。同时，加强对教学过程中每一个环节的质量控制，以此来提高和保证教学质量，而不是单纯靠考试和教学检查来保证教学质量。

教学质量的形成大致要经过计划过程、教学过程、辅助工作过程和使用过程等四个环节。系统理论告诉我们整体大于它的各个部分的总和，但它必须是一个合理的协调的功能得以发挥的整体。因而我们必须了解教学质量形成过程中各个环节、各个要素的作用，抓好各个环节和各个要素的质量，同时注意协调各个环节和要素。为完成提高教学质量的目标，各个环节和要素都要提高其性能。针对教学质量的形成过程，各高校应注意以下几点。

1. 制订好教学计划

学校将教学计划作为指导其教学工作的基础。高等学校的教学计划是培养专门人才的蓝图，也是学校组织教学和管理教学的主要依据。它决定着人才培养的目标和规格以及培养的方式方法等。因此计划制订的质量基本上决定了人才的质量。所以要保证教学质量，首先要制订好教学计划。制订教学计划要根据国民经济建设和社会发展的实际需要以及当前的科学技术发展水平和发展趋势，把人才培养的要求具体落实到各专业的培养目标上，坚持全面发展。

2. 完善教学过程

教学质量管理的重中之重是教学过程质量管理。教学过程包含教师、学生、教学内容与方法、教学环境与条件及教学管理等基本要素。保证教学质量的前提是制订好教学计划，保证教学计划得以实现的关键则是保证教学过程质量。为此，要按照教学计划规定的培养目标和各项要求，制定具体的实施方案，根据各门课程的质量要求确定教学大纲、编写教材和教学指导书等；要做好各教学环节进行前的准备工作，安排好开课计划，其中首要的是选好教师，要特别注意把注重教书育人且业务水平比较高、教学经验比较丰富的教师安排到教学第一线，保持比较强的教学阵容；要建立健全教学质量检查制度，定期检查教学环节是否达到预期效果，师生对教学活动是否有意见。要做好考试、考查和成绩分析工作，使之成为教学质量检查和人才鉴别的重要手段。

3. 做好辅助工作

教学辅助系统是教学系统中的一个分支，是为教学服务的子系统。它主要指为教学提供物质条件的后勤工作系统（包括基本建设、设备供应、总务等方面的大后勤系统）。辅助工作的质量对教学质量有着重要的影响。辅助工作是保证教学系统正常运转的基本条件。它的某一环节失调甚至可能变成影响教学质量的主要矛盾。因此，一定要重视教学辅助系统的工作质量，选派得力干部担任后勤工作的领导。后勤工作要树立为教学科研服务的思想，并努力提高工作质量，以保证和促进教学质量的提高。

4. 考察“产品”使用过程

教学质量的评价要坚持实践检验的观点。教学质量的高低归根结底要看培养出来的学生是否能适应社会主义现代化建设和满足社会发展的需要，看他们在实际工作中所表现出来的水平和能力如何。因此需要对毕业生使用情况进行调查，了解用人单位对人才培养的要求和毕业生对工作的适应情况，从而获得教学质量的反馈信息，这是一项很重要的质量管理工作。这对于掌握教学计划规定的培养目标、质量规格同实际需要之间的差距，以便适时调整教学计划、改革教学工作，克服学校教学与社会需求相脱节的现象具有重要意义。毕业生到社会上工作了一段时间之后，他们对于学校的专业设置、课程安排、教学内容和教学方法等都会有自己的体会和见解，他们的意见是改进学校教学工作的极可贵的意见。

因此，要定期对毕业生进行调查，甚至要对学生进行跟踪调查和分析，这是做好教学质量评价的重要措施。要跟踪调查学生从入学到毕业直至上岗工作以后的情况，其中能够用数字体现的要全部用数字的形式记录下来，这样就可以得到一系列的反馈信息和数据。对这些数据进行科学处理就可以从中得出关于教学质量的科学结论，这是质量管理的科学方法。在计算机获得广泛应用的今天我们应当把所有有关教学质量的信息和数据存入计算机，并利用计算机进行分析，从而使得教学质量管理现代化、科学化。

教学质量管理过程与教学质量形成过程是一致的，教学质量管理过程也包括计划过程、教学过程、辅助工作过程和使用过程。由此，教学质量管理的过程就是教学计划的制定和实施的过程，同物质生产部门一样，也是按照计划、实施、检查、处理、再计划、再实施这样的循环过程不断进行的。这是个综合性循环过程，也是一个普遍的质量管理方法，各环节紧密衔接，每完成一次循环质量就提高一步，如此不断反复进行使教学质量步步上升，以适应社会发展和科技发展的需要。这种质量管理方法的应用范围极其广泛。但是我们在应用这一方法的时候要特别注意精神产品与物质产品之间的差异，注意教育作为培养人的活动的特殊性，注意教学质量的特点。

（三）学生质量形成的特点

对一个国家或一个地区而言，必须有一个基本的、明确而统一的社会要求，这样才能保证学校工作质量和学生质量。缺少科学的标准而由学校自行其是，必然会出现人才培养水平参差不齐、教育质量低劣等一系列问题。况且只有基本质量标准统一才有利于开展学生培养工作。但质量基本要求的标准化并不意味着有培养学生的绝对统一的模式。

有的教育家曾试图以完全统一的教材、方法来“生产”出规格统一的人，这一主张遭到其他专家和实践工作者的反对而未能推行，这是因为学生质量形成的过程并无绝对的标准。学校的师资和物质条件以及学生的社会背景、学习经历和个人素质等有一系列的差异，它们共同决定每一个学生的“质量”，使其表现出自己的一定特点，而学校应鼓励和引导他们向积极方向发展，这样才能满足社会对人才规格、品种的多层次、多方面的要求，才有利于学生积极、健康地充分发展。总之，学校的质量标准既要讲共性又要讲个性。

学生不仅是学校教育工作的“毛坯品”和“制成品”，还是最终成果的影响者。他们在社会的影响下，一方面是教育的对象；另一方面又以主体地位影响着教师的教育行为。特别是他们受教育愿望的大小和对个人发展目标的选择在相当程度上决定了他们能够成为什么样的人。从发展过程的角度看学生质量没有停止性，失去了前进的动力和目标的学生就必然会产生质量上的退步。

因此，学生的质量管理的经常性任务就是不断设置新的激励性目标和采取多种形式的鼓励措施，有效地激发学生自我教育和自我管理的愿望与行动，这是使学生最终成为高质量的合格毕业生的重要保证和基础。

学校教育质量管理与企业质量管理有相似的地方，也有不同的地方，就某些方面来说，学校教育质量管理相对于企业质量管理，其难度更大。这主要是因为学校的“产品”即学生与企业生产的物质产品有根本不同之处，学生质量的形成过程也有着明显的特点。

1. 学生质量受环境的影响

学生质量是在一种开放的环境中形成的。在这个过程中，许多的校内外因素会自觉或不自觉地介入进来，直接或间接地影响学生的质量。在这些因素中除学校和教师有意识地施加影响外，还包括社会对知识价值的态度及政策表现、学生家庭的文化及道德背景、学生居住地的经济和社会状况、学生伙伴的价值观念和行为表现，等等。

校外的因素与校内的因素构成了复杂的互动网络，共同影响着学生质量的形成过程。学校按照国家的要求对学生施加教育，有责任对各种有利的或不利的社会因素加以微观调节，但不可能完全控制它们。鉴于这一特点，学校质量管理就必须从系统的观点出发，在扎扎实实地做好校内基础工作的同时，竭尽全力协调好校内外各有关因素的关系，最大限度地调动积极因素，并克服和抑制消极影响。

2. 学生质量具有潜伏性

所谓学生的深层质量是指学生人格发展中那些不够外显、难以衡量而对学生个人长远发展又起着重要作用的心理素质，如学生对社会和人生的真实看法、承受困难和灾变的心理能力，等等。在校期间，这些品质常常仅在少数学生身上显现出来，而在多数人身上表现得却很模糊。在传统的教育中这些深层质量指标并未受到足够的重视，对它们缺少有效的检查方法，培养也较为欠缺，今后需要给予更大的关注。

学校教育教学的质量主要是由学生质量和学校人才培养质量体现出来的，学生质量形成的特点决定了学校教育质量管理的特殊性和复杂性。学校在进行教育质量管理过程中只有将一般的质量管理理论与学校质量管理的具体特点结合起来，才能达到较为满意的效果。

（四）教育质量的特点

教育质量与物质产品质量相比较具有以下几个特点。

1. 抽象性

物质产品，如工业产品类是有形的，可看见可摸到，根据外观可对其质量的优劣做一些评判，而教育质量是无形的只是一种抽象的概括或描述，既看不见又摸不着，需要通过一些中介因素对其做出评价。

2. 综合性

虽然物质产品也是综合运用多种科学知识、技术、工艺加工而成的，甚至有些高科技尖端产品的复杂程度令人惊讶，但相对于教育质量而言就显得简单多了。如上所述教育质量形成过程中的每个环节、每个因素都有许多可变参数，很不确定。它们之间相互联系、相互制约对教育质量产生综合作用。因而要详细分析研究每个环节、每个因素。

物质产品的质量指标比较确定，建立生产流程以后可以用质量指标有效地控制各工序的工作质量；而教学的对象是人，每一个人除了共同性以外还具有许多不同的特性。虽然我们也可以制定一般的教育质量指标，但在具体执行过程中会出现许多“意外”，使质量控制变得更复杂需要随时加以处理，以保证教学过程各环节的质量。“意外”情况在物质产品生产过程中相对少见。因此花大力气分析研究教育质量形成的综合性、复杂性是很有必要的。

3. 滞后性

物质产品是为满足社会的使用需求而产生的，它要及时或超前生产特别是在市场经济时代，社会需求不断发展和变化，商品生产应顺应潮流，走在消费者的前面。在今天科技高度发达的信息时代，要做到这一点对于企业来说并不难。可是教育是培养人的活动，“十年树木，百年树人”，周期较长，因而具有滞后性。

另外，由于新的科学技术成果、社会需求反映在对人才培养规格和对教育质量的要求上也需要一定的时间，因而教育质量具有滞后性。同时也说明高校在进行教育质量管理时要根据社会、经济、科技发展的趋势做适当的超前打算，以适应社会的需要。从总体上看，教育质量还具有以下特征。

（1）结构上的层次性

这一方面表现为教育质量在接受社会实践检验时所能产生的效益的高低，

也就是社会化、个性化、智能化的有机综合程度和所能体现出来的倾向性的明显程度；另一方面表现在教育质量的直接体现者——学生的思想和行为变化上。

（2）功能上的拓展性

教育质量是具有较强动态性的网式结构。这一结构有一个以人的发展为中心，按照社会发展的要求向外拓展的过程。这一拓展表现在当教育质量接受社会检验时并不是以“一副面孔”“一个模式”出现的，而是展示着多种功能作用和形态。从总体来看就表现在社会化、个性化和智能化的程度及其相融合的水平上。

（3）形态上的发展性

教育质量是教育者按照一定的教育目的要求，依据一定的规律进行实践时所产生的结果。随着社会经济文化的发展与变革，劳动分工越来越细，为劳动者提供的实践机会越来越多，这就将在一定程度上促使劳动方式、形态更加多样化，从而导致教育质量内在结构的变异和改组，使之由一种结构形式转变为另一种结构形式，逐步实现在提高教育质量基础上的外在要求和个体价值认识体系的融合。正是在这个意义上，我们认为学校教育者应致力于优化学生的素质结构，使其具备主动接受社会改造和创造性地变革社会的潜能。

在当前的教学实践中还存在着“强调课内多联系课外少、课堂讲授多注意转化少、就事论事多联系实践少、主观臆测多科学管理少、强调理性教学多注意非理性培养少”的“五多五少”状况。这样的教学是有悖于社会主义教育教学的质量要求的。

还需要强调的是教育质量与教学效率不是一码事。可以这样认为，教育质量是符合教育目的要求并使之具体化为教学活动的“方向标”；教学效率是教育质量在社会实践过程中所产生的绩效与时间精力投入之比。两者都是评价教学活动的重要指标，只是教育质量中凝聚的劳动成分和劳动时间不对等，从而使教育质量有时不能等同于教学效率，但是有了教学效率则定有教育质量。因此，我们在狠抓教育质量的同时更应该强调提高教学效率。

二、提高高等教育质量的手段

（一）加强教育质量保障研究

教育质量保障研究是高校理论研究的重要内容。它既丰富了高校教育理论，又为理论指导实践奠定了基础。并且对于指导高校教育质量保障的实践、提高教育质量、实行新的教育质量保障工作、构建教育质量保障体系和长效机制、提高人才质量，都有着至关重要的现实指导意义。

当今世界正处在大发展大变革时期，我国也正处在改革发展的关键阶段，转变经济发展方式和加快城镇化进程都凸显了人力资源开发和提高国民素质的重要性和紧迫性。我国经济结构、产业结构的调整以及社会发展等都迫切需要大量的生产、服务等方面的高素质应用型人才。

高校面临着前所未有的机遇和挑战。随着高等教育大众化进程的快速发展，我国高校办学规模不断扩大、招生人数猛增。教育质量的保障和提高是高校面临的一个亟待解决的问题。新的形势下高校要想实现科学协调有序的发展，就必须达到以下两点要求。

①在规模、数量和投入等外在要素达到一定程度的历史条件下，从高校的本质属性出发，走内涵式发展道路。

②转变高校的发展方式，实现由以重视规模、数量为特征的外延式发展，向以重视质量、特色、效益为核心的内涵式发展的转型。

高校要不断加强素质教育，深化教育教学改革，以就业为导向，明确目标，完善健全教育质量保障体系。只有这样才能更好地适应我国经济社会发展对技能型人才的要求，确保人才的培养质量，才能不断加强高校办学的竞争力。因此建设教育质量保障体系是高校持续健康发展的必然要求，对加快提高教育质量有着不可替代的作用。

（二）确立和研究教育质量保障体系的理论

拥有科学理论指导的社会实践更具有效率，更具有可持续发展性，也更有利于经验的推广。高校教育质量保障体系如何构建与运行，是高校理论研究的重要领域。在科学理论的指导下构建完整的高校教育质量保障体系，能有效保证学校教育教学活动的顺利进行，促进人才培养质量的提高。

我国已有许多高校开展过教育质量保障体系的研究，这些理论研究有的对质量保障体系运行细节的阐述比较清楚，但对整体性论述不足；有的对高校教育质量保障体系构建的总体思路比较清晰，但缺乏操作性。只有对高校教育质量保障体系进行深入探索，才能在科学理论的指导下构建一个符合高校特点、具有较强可操作性的教育质量保障体系。

在高等院校的教育实践中有许多特色鲜明、行之有效的尝试均能在一定程度上提高教育质量，比如在学校开展职教集团建设，实现校企之间的资源共享、优势互补；改革聘任制度，不断优化师资队伍结构；实施校本课程，改进教学方法；优化对教师和学生的管理，保证教学秩序等。可以说高校的教育实践涉及教育质量保障体系的每一个方面，但还缺乏相应的理论总结，致使教育质量保障体系建设处于一种“理论滞后于实践”的局面。理论总结的缺乏，使高校教育质量保障体系建设的相关经验不能很好地上升到理论的高度去指导教学实践。

因此，确立和研究教育质量保障体系的理论，对于指导教学改革的实践有着重要的作用和现实意义。为此，探索和总结高校改革实践中的理论，是高校科研工作者的任务所在，也是高校发展的需要。

三、影响教育质量的因素

（一）学校内部因素

学校内部因素是指高等学校内部对教育质量产生影响的各种条件和工作过程因素。教育质量会受到学校内部条件和学校工作的影响。这里仅对其中主要的影响因素进行叙述，包括教的因素、学的因素、管理因素和保障因素四类。

1.教的因素

教师作为教学的主体之一，在教学过程中起主导作用，是教学过程的组织者，肩负着知识传授、能力培养的重任。教学活动涉及教学目的、教学内容、教学方式、教学进程和教学结果等方面，教师的教学会影响整个教学活动。学生的学习活动涉及学习动机、学习方法、学习效果等方面，它们也会受到教师教学的影响。这就要求师资队伍要由高水平的师资力量组成，教师要具备严谨的治学态度、较强的业务能力、科学的教学方法和创新能力。

教育质量受到教的因素的影响，这会在教学工作中体现出来。授课是教师教学工作的主要部分。授课是学校教学的一个主要方式，教师通过授课引导学生获得知识，形成技能、技巧，发展智力、能力。

教学效果由教师的授课水平决定，教学效果涉及学生的学习动机、思维方式和知识获得等方面。教师授课包括备课、课堂讲授、课后辅导、批改作业、指导实验和实践等环节，课堂讲授又涉及教学内容、教学方法、教学手段、教学态度等各个方面。每个环节、各个方面的质量积累形成整体的教育质量。所以要提高教育质量就必须在教师授课这个重要环节上下功夫，通过各种有效的措施不断提高教师的整体授课水平。

2. 学的因素

学生也是教学活动的主体。教学过程以引导学生认识客体，促进学生全面发展为基本任务。教师根据大纲要求引导学生认识客观世界，帮助学生将一定的外在的教育内容理解、消化并吸收，形成自己的知识智慧和能力，使学生身心得到全面发展。外因是变化的条件，内因是变化的依据，外因通过内因而起作用。学校的一切培养工作均需要学生通过自身的努力转化为自己的知识素质和能力。因此学生的原有基础智力水平、学习态度、学习方法和学习品格影响着教育质量。教育质量受到内在因素，即学生素质的影响。

教学效果受到学生的思维品质、学习内容的选择、学习方法和手段的运用、学习风气等因素的影响，这些因素也影响着学生对知识的掌握程度。这就要求教师在教学过程中要重视学生的学习状态和兴趣，注意充分调动学生学习的主动性，使他们能生动活泼地学习，按照教学计划的培养目标发展成合格人才。21 世纪是学习的世纪，学会学习是知识经济时代对人才的基本要求。在学校教育中不同层次、不同专业的学生在学习方法上大不相同，学习不同的课程学习方法也不一样，要培养学生正确选择学习方法，并通过改进教学方法提高教学质量。

3. 管理因素

学校管理是影响教育质量的关键因素。管理者要想完成人才培养的任务，应在管理过程中使用科学的管理方法将教学资源利用率最大化。管理工作离不开高质量的管理队伍。教学管理人员负责组织学校的整个教学工作，负责对教学全过程的管理。无论是计划的制定还是教学过程的控制都直接影响并决定着教育质量。学校如果有一支懂得教育规律、熟悉教学业务、掌握教育教学管理理论和方法、有开拓精神和进取意识的教学管理队伍，并能按照人才成长和发展的规律去实施教学过程的科学管理，学校的教育质量就能从根本上得到保障。反之，教学管理人员素质差则不能做出正确的决策和实施科学的管理，即使有了好的条件也会因使用不合理、不科学而向着相反方向转化。因此从某种意义上讲教学管理队伍和教学管理工作是影响教育质量的关键因素。

管理因素对教育质量的影响体现在教学管理的全过程。学校人才培养计划的设计过程是人才质量形成的首要环节。人才培养计划的设计过程主要指专业设置、教学计划和培养模式的确定、质量目标与质量标准的制定、质量体系的设计等环节与内容。设计过程的质量非常重要，预测不准确，设计思路不正确，目标设定不科学都可能导致方向性的错误，也就不可能培养出满足社会需要的高质量人才。可以说设计过程的损失是最大的损失，设计过程的失误是最大的失误。实施过程是教育质量形成的关键阶段。

教学实施过程由制订教学大纲和教学进度、选择教师和检查教育质量等部分组成。教学实施过程管理贯穿于整个教学过程，为确保能够管理教学活动，它需要采取必要的手段和措施来监督教学活动。教学实施过程管理对参加教学过程的各因素起协调控制作用，保证教学活动按教学计划执行、保证质量目标和质量计划得以实现，从而保证人才的培养质量。如果说制订好教学计划是保证教育质量的前提的话，那么搞好教学过程的管理则是保证教育质量的根本。

4. 保障因素

教育质量在很大程度上受到保障工作的影响。教学活动的运转要靠保障系统的支持，如果保障工作出现问题，学校的教育质量就会受到影响。保障工作包括保障教学物资、保障网络信息基础设施、保障图书资料和后勤物资。教学物资包括教材、教学场地、实验设备、训练设施、器材等。上述这些都是开展教学活动所必备的基础条件。随着科学技术的迅速发展，实验和训练设备的先进性问题越来越突出，尤其是技术保障、信息保障等新的保障内容和保障方式不断出现，它们促进了现代学校教学内容、教学方法、教学手段改革不断深化，对教育质量的提高产生了前所未有的影响。

网络信息基础设施包括校园信息网络、网上信息资源、网上教学应用平台系统、远程教育网络等信息化基础设施。学校图书馆、各专业资料室的功能主要是向学生、教师提供知识、信息服务。由于现代教学强调自主学习，图书馆、资料室信息量大，给学生提供了丰富的知识宝库，对于激发学生兴趣、开发学生能力、拓宽学生视野、增强学生的文化素养等有着重要的作用。

图书馆、资料室服务保障工作对人才培养的质量具有重要影响。后勤保障过程是“服务育人”的重要组成部分，后勤保障工作的好坏影响到教师、学生生活的稳定性、便利性，影响到学校正常教学的顺利开展，高质量的后勤工作对于解决教师的后顾之忧，完善管理中的“保障因素”有着重要的作用。所以，学校的保障工作是影响教育质量的重要因素。

（二）宏观层因素

宏观层因素是指对高等学校教育质量产生影响的宏观管理因素。高等学校教育的宏观管理层主要包括党和各级政府教育行政机构的学校主管部门。高等学校教育是在党和政府的统一领导下组织实施的党和政府制定的教育方针、政策和制度是学校教育教学必须要遵循的。各级政府教育行政机构的领导对学校教学工作和教育质量有很大的制约作用。因此学校教育宏观管理层是学校教育质量的重要影响因素。宏观层的影响因素有两种。

一是高等教育的方针、政策、制度、目标和任务等，这些是高等学校组织教育教学活动、提高人才培养质量的前提。高等学校教育工作在党和政府的统一领导下进行，高等学校的教育方针、原则主要由党和政府统一制订或审定，学校的任务、体制由政府教育行政机构规定或批准，这些都是学校实施教学工作和进行教育质量管理的基本依据。学校自身的控制范围和控制能力都有局限性，许多问题需要教育宏观管理层来解决，例如，落实学校筛选制度中的某些问题就不是一所学校所能解决的，它有待于大系统对筛选制度进行完善，这是目前学生筛选制度没有落实的一条重要原因。因此，党和国家的方针、政策，宏观层的领导和管理因素对学校教育质量有很大影响。

二是经费、设备等物质条件的投入。这些是学校进行基本建设，提高教育质量的物质基础。尽管在市场经济条件下学校教育的投入出现多元化趋势，为学校的建设和发展创造了良好的物质条件。但绝大部分学校尤其是公办学校主要的投入还是各级政府的经费拨款，上级投入的多少对学校的教学条件建设、专业建设、师资队伍建设以及教学、科研工作的影响很大，客观上制约着学校人才培养的质量。因此学校教育宏观管理层对学校教育质量的改进和提高的影响是多方面的。

（三）环境因素

影响教育质量的因素除教育系统内部的因素外，还有教育系统以外的因素，即环境因素。任何系统都会受到周围环境的影响。系统通过对外开放，与外界交流信息、交换能量，使自身得到演化和发展。因此，教育系统的对外开放程度会影响到教育质量。教学环境的结构和特点决定其功能。随着社会的发展，人类的生产环境日趋复杂，环境对人的影响越来越大，教学环境就引起了人们的高度重视。高等教育教学系统本身以及系统内任何一种组织机构都处于一个不断变化的环境之中，不断与环境进行物质、能量和信息的交换，组织内部各部门和人员之间的配合、组织结构和组织机构也不断变更，使自身更有效并与环境保持动态平衡。

环境因素主要包括以下几项。

1. 政治环境因素

它主要指党和国家的大政方针、政策等。这类因素对学校教育质量的影响不是直接的，而是更深层的。政治环境由国家的性质、政治体制、方针政策、思想道德等因素构成。它必然影响到高等教育系统中组织结构的设计和机构的设置。所以，我国高等教育教学组织结构尤其是组织机构不能照搬西方国家的那一套。对这类因素学校本身甚至宏观管理层都无法予以控制，它们的改善需要从更大的系统入手，为学校教育营造一个良好的外部环境。

2. 社会环境因素

它是指社会的文化、宗教、观念、信仰、风俗、传统等。学校作为社会群体中的一员，不可能成为与社会隔绝的“世外桃源”，它必须在现实的社会环境中生存和发展。近年来随着科学技术的发展和广泛运用，再加上市场经济大潮的冲击，人们的价值观念、思想观念发生了巨大变化，社会上形形色色的事物对校园都产生了重要影响。譬如随着计算机和网络大量在学校普及，学生足不出校园便可通过“网络”了解校园外面的信息，几秒钟内便可“访问”世界各地。这对于学生开阔视野、丰富知识无疑是极为有利的，但同时也带来了许多不利影响，对学校思想政治教育、安全保密、行政管理等工作产生冲击，这对保证人才培养质量提出了新的要求。

四、制订教育质量保障制度的原则

制订高校教育质量保障制度，应遵循以下几项原则。

（一）政策性原则

国家和地方教育行政部门制订的教育质量保障制度本身具有很强的政策性，学校自身制定的管理规定也是根据党和国家的教育方针、政策制订的，其各项要求和规定都必须符合党和国家的政策、法令、法规，符合教育方针、政策，符合国家颁布的有关条例守则等。

（二）高效性原则

高效性原则是教育质量保障本质的直接体现和具体化，它要求投入较少的资源获得最大的效益。高效性原则揭示了教育质量保障制度追求的目标。在其实施过程中应考虑是否最大限度地利用了教育资源，是否最大限度地减少了浪费。该原则要求在人才培养目标的制订，专业建设，教学内容、教学计划的制订，人员聘用，经费配置等方面必须具有充分的灵活性和活力。

（三）稳定性原则

教育质量保障制度旨在规范学校某一历史发展阶段的活动与工作，是根据学校教育教学规律、学校管理规律以及人才培养的规律而制订的，且为广大师生员工所共同认同和遵守的规定和法则，它在一定程度上规定了学校在一定历史发展过程中的结构性框架。因此，教育质量保障制度应在一定的历史时期内保持相对稳定。

（四）严肃性原则

教育质量保障制度的制定要遵循科学的、民主的、公正的程序，广泛听取各方面的意见和建议。但是，学校中的各项规章制度一经制定并公布实施，学校广大师生员工就应维护其严肃性，任何人都必须严格遵守，做到令行禁止，赏罚分明。

（五）教育性原则

教育质量保障制度是学校师生员工共同遵守的行为准则。因此，各种规章制度以及每一项具体的条款的制定与实施，都应坚持以人为本的原则，赋予学校各项工作以教育意义，从教育的目的出发，有针对性地对师生员工进行教育。

（六）动态性原则

教育质量保障制度的制定应该坚持动态性原则。学校教学活动是一个瞬息万变的动态活动，应当考虑到其内部与外部环境之间的动态的相互作用，动态性是教育质量保障制度制定的依据。管理活动与管理对象发生变化是必然的，并且两者有着本质的联系。

教育质量管理活动须按照管理的基本原理和原则来进行，以保持管理的相对稳定和应有的秩序。同时，教学管理的对象、内容、方式、手段等也都在变化之中，要求开展教育质量管理活动时要有灵活性。

（七）实践性原则

教育质量保障制度来源于教育质量保障实践，并要付诸实践运行。因此，教育质量保障实践需要是制定质量保障制度的基本依据，制定高职院校教育质量保障制度必须遵循实践性原则。学校制定教育质量保障制度，要从实际出发，实事求是，制定出切实可行的制度，不能把制度搞成脱离实际的花架子。制度初步制定后，要经过实践的不断检验，在实践中完善。

五、教育质量标准的实施

制定教育质量标准的目的是运用和对照标准控制高职教育质量，因此，关键要抓好标准的实施并在实施中不断修订、完善。教育质量标准的贯彻大致可分为计划准备、组织实施、对照检查、总结处理等步骤。①要制订出一个切实可行的计划，进行必要的准备。②准备工作大致包括思想准备、组织准备、技术准备、物质准备等方面的内容。③根据不同的情况在标准的实施过程中应及时进行检查，通过检查进行比较，找出成功的经验与失败的教训。④总结包括技术上的总结、方法上的总结，还包括对下一步贯彻工作提出意见和建议。

作为质量准则和依据的统一规定，高等教育质量标准不应当成为学校各类人员进行教育质量改进的障碍，标准的制定和实施带有一定的强制性，但教学工作或人才质量是否满足学生、家长和社会的实际需要并不是标准所能规定的，而是由最终的用人单位和消费者来进行评价的。

教育质量标准只能规定教育质量特性的某些方面，规定教育质量工作的最低要求。在教育质量改进工作中实施教育质量标准时各类人员要勇于发挥自己的创造性，依据教育质量目标的基本要求，不断改进工作，促进教育质量持续提高。

同时，在教育质量标准的实施过程中各类人员要根据社会的发展，适时地、迅速地修改既定的教育质量标准。正如日本的石川馨博士所说，国际标准、国家标准以及组织内部的标准都不能说是完整无缺的，通常都有某些缺欠。而且消费者的需求经常变化，即使逐年提高制定的质量标准也会很快落后于时代，因此，必须经常检查修订和提高教育质量标准，使教育质量标准及时适应新的形势需要，保证教育质量不断提高。他甚至明确提出："质量标准半年没有修订就证明没有使用。"这些对于高校教育质量管理来说很有启发。

第二节　高等教育质量评价

一、高等教育质量评价的观念

当前我国研究高等教育质量的热潮直接源于近年来高等教育规模的迅速扩

张。在我国高等教育大众化的进程中，人们越来越意识到，用以前单一的精英教育质量观来评价现在大众化的高等教育质量是不恰当的，因此我国学者相继提出了一些有代表性的高等教育质量观。

（一）发展的质量观

发展的质量观是就高等教育的宏观、整体质量而言的，它是指一个国家或社会应怎样看待高等教育事业的发展。所以，从严格意义上来说，这是人们看待高等教育质量的思维方式的问题。发展的质量观包含三重含义。一是以高等教育的发展为核心，为高等教育发展而服务的质量观。二是用发展的眼光看待高等教育的质量，通过发展来解决发展中的高等教育质量问题。三是质量标准本身就是变化发展的，质量观要随不同时期的不同发展主题而变化发展。

（二）多样化的质量观

高等教育的迅速发展必然带来高等教育结构的分化。在我国高等教育大众化过程中，传统的、单一的高等教育结构也在向多样化的高等教育结构分化。多样化的质量观是指不同类型的高校应该有不同的质量标准，而不是所有的院校都按照一个标准来发展。如今，一些高校不顾社会的需要与自身实力等重要因素，盲目向本科、研究型高校发展，这种做法是极其错误的。多样化的质量观使人们对高等教育质量的理解由单一走向多元，为我们理解高等教育质量提供了一个全新的视角。

（三）整体性的质量观

整体性的质量观认为高等教育质量应该是人才培养的整体质量，是高校所有功能、职能的整体质量。对前者来说，强调学生的综合素质，对后者来说，则注重从宏观上考察高等教育的所有功能和活动。

从上述观点我们可以看出，现阶段我国学者对高等教育质量观的研究主要可以分为以下两种类型。

第一类质量观是从宏观的整体的角度给人们一个看待高等教育质量的视角和方法，是关于如何理解高等教育质量的指导性原则。

第二类质量观的核心是将市场需求作为衡量高等教育质量的标准。

尽管这两种观点都没有得到社会的普遍接受，但都提出将社会、家庭、个人的需求作为衡量高等教育质量的标准，这表明人们对高等教育质量的内涵认识越来越深刻，人们对高等教育质量的界定也越来越清晰。

二、课堂教育质量监控与评价

课堂教育质量监控与评价虽然是教育质量监控与评价体系中一个较低的层次，属于微观评价的范畴，但它是教育质量监控与评价中最常用、最基础、最重要的监控评价，同时也是教学研究中最重要的课题。

由于课堂教学评价涉及的因素较多且复杂，评价中的随意性较大，针对性和科学性较差，所以尽管各级各类学校、教育行政部门和教育研究机构多年来在课堂教育质量监控与评价方面开展了大量的研究工作，也取得了很大的成效，形成了不同样式、多种“版本”的评价模式和指标体系，并以此对课堂教学进行质量监控与评价，收到了较好的效果，但课堂教育质量评价至今仍然是需要不断进行研究和探讨的重要课题。

不同的历史时期对课堂教学的评价标准也不同，不同时代的课堂教学评价标准反映了特定时代的教学观，也引导着课堂教学改革向不同的方向发展。历史上的教学观大致可以概括为两种基本认识：以教师为中心和以学生为中心的教学观。与之相对应的是两种不同的评价标准。当前教学理念逐步由以教师为中心向以学生为中心过渡，人们越来越关注人的生存和发展，越来越注重人性化和个性化课堂教学，也逐步从侧重于“教师讲学生听”转变为师生互动、双向交流的模式。此外，在抓好精品课程建设的同时强调抓好精品课堂建设，使教育质量建立在“每一节”精品课堂的基础之上，通过对“每一节”课的评价抓好“每一门”课的评价，进而使“提高教育质量”的理念从宏观到微观得到根本落实。

三、教师教学评价

对高等院校教师教育质量的评价主要包括对理论课课堂教育质量、教书育人状况、学术水平等的评价。对教师教学业绩的考核要重点突出对教师教学效果的评价，建立和完善多形式的教学效果的评价制度，尤其是学生评教制度。在教师工作业绩的考核中实行教学效果优先制。进行教师教学工作业绩考核时应主要围绕教学能力、教学效果、教学研究与改革等方面进行。

根据教师教学工作评价的全面性和综合性要求，应注意定量评价与定性评价的有机结合，切忌仅靠一个枯燥的评价分数对教师进行定论。评价结论中既要有恰如其分的评价分数，又要反映被评价教师的主要优点、存在的不足、应改进的方面及努力的方向，还可以进行个人纵向比较，宜全面、细致、慎重地进行各环节的工作。为鼓励争先创优，倡导广大教师向高标准努力，评价中既要有高校教师应该达到的基本标准和要求，又要有较高标准的要求，因此评价指标体系的分数可以设满分及加分两类。

第三节 国内外高等教育质量评价的研究

一、国内高等教育质量评价的现状与问题分析

（一）我国高等教育质量评价的现状

高等教育是我国教育的重要组成部分，21 世纪以来，我国高等教育不断扩大招生，在满足人们对高等教育的需求的同时自身也获得了快速发展。正是这种快速发展甚至是跨越式发展，使广大学子有了更多进入高校学习的机会，也促使高等教育的办学规模不断扩大，学校的数量和在校生人数快速增长。

由此而引发的办学条件、师资水平、毕业生就业等方面的一系列问题已经成为社会广为关注的焦点，使得我们不得不重新审视和评价教育质量。为了使高等教育在办学规模不断扩大、在校生人数不断增长的情况下，提高质量，办人民满意的职业教育，有必要对学校的教育质量进行监控与评价。然而要做出科学合理的评价就必须对高等教育的发展状况、人才培养目标及其质量标准进行分析与界定，从而拟定出导向性、判断性与评价性相结合的可操作的指标体系给学校以客观合理的评价。

了解和认识我国高等教育质量管理的现状，是创建教育质量评价标准和指标体系的基础条件。这样才能有的放矢地发挥好评价的导向作用和诊断作用，使评价更具有针对性，才能促进高等教育的改革和创新，才能促进高校管理理念的发展。

一所高等学校的办学质量，要看该院校培养出来的学生是否能够适应当前经济和社会发展的需要；以及该院校毕业生，在社会生产服务第一线的实践能力是否强。这是高等教育人才培养目标的要求和标准，为教育质量标准提供有效的参考，也为评价指标体系的形成完善提供凭证。

要培养出适应经济和社会发展需要的高素质技能型人才，高等教育的管理者们就必须认真贯彻和落实好教育部有关高等教育的办学方针和法规政策。还

要树立正确的办学思想和管理理念，坚定不移地走创新发展之路；不断完善办学条件，加强基础设施建设，满足技能型人才培养的需要；不断加强师资队伍建设，提高师资队伍水平使之不断适应高等教育人才培养的需要；以市场为导向设置专业，满足社会和经济发展对技能型人才的需求。

（二）我国高等教育质量评价的问题

1. 评价目的的模糊性

教育评价的本质是价值判断，高等教育质量评价的根本目的是更好地办好高等教育。在我国高等教育质量评价中，主要还是以鉴定性的评价方式为主，并且带有明显的奖惩性，这也反映出了教育评价的“管理主义”。

1990 年 10 月颁发实施的《普通高等学校教育评估暂行规定》中，明确规定教育评估分为三种评估标准，分别是合格评估、办学水平评估和选优评估，当时的专家还分别制定了三种指标体系，分别是合格评估指标体系、随机评估指标体系、选优评估指标体系，并把工作重点放在本科院校办学水平和教育质量的合格评估上。

2003 年，在教育部制订的“五年轮一次的评估制度”中，则将原来的三种评估指标体系合并成一个评估指标体系，把评估结论分为不合格、合格、良好和优秀四个档次。于是，就产生了一定的误导作用。“近年来的实践证明，把三种评估合并在一起并把评估结论分为不合格、合格、良好和优秀四个档次的做法已经把一些高等学校的注意力引导到追求‘优秀’上，一些高等学校‘自评报告’的重点已经由‘肯定成绩、总结经验、发现问题、明确方向’转变为尽可能地美化自己，这就违背了开展评估的初衷。”追求“优秀”、追求“声誉”都是好事，功利主义也并非一无是处，但是如果一味为了追求“优秀”，并为此不惜手段与代价，那么离评价的真正目的就会越来越远。

2. 评价指标的统一性

由于本科院校中包含不同的专业和科类，所以本科院校分为不同的专门院校，例如，综合性大学、师范大学、理工大学、农业大学等；从学校层次来看，既有研究型大学，又有教学型大学，还有教学研究型大学；从发展水平和实力来看，有综合实力很强的高校，更多的是一般水平的高校，还有相当一部分是实力较低的新建院校。而且，随着高等教育大众化的深层推进，我国高等教育和高等院校的多样化特征将更加彰显。

复杂多样的本科高校，其办学目标、地位、性质、学科特点、社会服务的范围、教学科研的比重、生源等都不同。显然，用一个统一的评估指标体系来评估这些复杂多样的本科院校，难以体现它们各自的属性、本质和实际情况，这样的指标体系的正确性不够。而且，如果不加区别地用相同的评估指标体系去评估不同的高校，会导致事与愿违的结果，影响高等教育发展的价值取向以及高校的健康发展。这种统一的评价指标，不利于高等教育合理结构的形成和整体功能的发挥，也不利于高等教育多样化的发展。所以应该避免“大统一”的评价指标。

3. 评价模式的单向性

评价模式即评价活动的模型和样式，它是在一定教育思想理念指导下，对构成评价活动的各要素之间的组织形式的规定。不同的历史时期和不同的国家，在评估实践中形成了不同的评估模式，而不同的评估模式内含了不同的价值追求。每一种模式都包含着主体的教育理念与评估理想、蕴含着一定的价值取向。

与西方国家的教育评价模式相比，我国高等教育质量评价定位于“政治取向模式”，具有明显的单向性。评估主要由政府及教育主管部门发起，由其实施，评估结果由其解释，也由其使用。总之，整个评估活动是“由政府来，到政府去”。具体而言，其局限性主要体现在以下几个方面。

（1）自上而下的评估

难以保证被评院校参与评估的主动性、积极性。我国的高等教育评估，由政府评估机构制订评估方案，并将其价值取向渗透在指标体系中，这些预先制定的指标体系规定了评估者“评什么”和“怎么评”，而评估对象只是被动地接受评估。这种自上而下的评估方式，难以使评估对象真正参与并通过评估改进教育教学工作。

（2）评估体系按构成性要素逐级分解

由于评估体系逐渐分解，所以它很难把握教育质量的整体特性。我国高校教学质量评估标准的确定，大多是运用因素分析的方法，把教学分解为若干要素，通过对各个要素的评估最终得出整体的教学质量的评估结果。这种以各分解要素为基础孤立地分析各指标的达标状况，而忽视它们的相互作用和整体效应的评估，并不能代表对教学整体的评估，也难以反映评估对象的全面价值。

（3）注重评估指标的行为化和可测性

那些难以行为化和量化的指标常常被方案制订者忽视或放弃，评估指标确定的局限性使得评估难以真正反映评估对象的水平。

（4）重视终结性评估，忽视形成性评估

目前在高等教育评估中主要采取的是终结性评估的方式，即关注评估对象各项指标的达标结果，其实质是面向评估对象以往的工作成果或表现，缺乏对被评院校教育教学过程的深入了解，不能提出有针对性的改进意见和解决方法，致使质量改进与提高这一根本目的难以实现。

同时，这种单向的评价模式，由于缺乏必要的外部监控主体与程序，不仅难以保证评价的信度和效度，还为评估过程的一些腐败现象的滋生提供了土壤。

二、国外高等教育质量评价体系的特点分析

（一）美国的以社会评价为主的评价体系特点分析

美国教育评价的实践活动已有150多年历史，历史悠久，并且日趋成熟和完备，其国际影响力也越来越大，美国教育评价具有适应性和灵活性的特征，这为美国高等教育评价自由而健康的发展奠定了基础，高等教育评价制度是美国高等教育体制的重要组成部分。美国高等教育评价体系经历了三个阶段的演变。第一阶段是以高校内部自我监控为主体的早期评价模式。第二阶段是社会中介评价组织参与的输入评价模式。第三阶段是多元主体共同参与的过程绩效评价模式。

美国是州政府建立早于中央联邦政府建立的国家。这一特点决定了美国在教育方面是地方主持，州政府机构领导约束，联邦政府援助的模式。美国教育长期以来是由州而不是联邦政府负责，各州的高等教育管理部门与州政府的一体化程度不尽相同，私立高校又在高等教育机构中占有较大的比重，因而其高等教育管理的分权和多元化特征十分明显。而且在分权体制下，州政府对高等学校并非实行全面的控制，而是让高等学校面对市场，直接参与生源市场、科技市场和劳动力市场的竞争。

这种模式的基础和核心是以外部评价方式为主的院校和专业鉴定制度，而且不同类型的评价活动既相互独立又相互依存，分别发挥着不同的作用，作为一个整体共同履行保障高等教育质量的职能。

（二）法国的以政府评价为主的评价体系特点分析

法国大学内部也没有评价委员会，以外部评价为主，所以法国质量评价体系的模式从总体上来说属于“外控型”模式。法国高等教育的质量评价对于学

校内部的评价分为两个主要步骤。

①由学校领导和组织的内部评价。内部评价以评价指导方针为基础，必须有全体工作人员的参加。

②国家评价委员会在专家考察的基础上组织开展外部评价。这里的专家必须是大学教授、高等教育行政人员或高级技术主管、重要的经济专业人员。评价负责人先到被评价的学校与学校领导首次见面，向有关人员介绍、说明评价的过程，如管理层、教师、行政人员及学生的代表。

在国家评价委员会的评价指导方针的帮助下，被评价机构就可以开始进行内部评价。大学内部的评价委员会的主要工作是配合国家评价委员会的工作，在质量保证上，法国政府强调对高等教育输入进行严密的控制，高等学校必须严格执行国家的政策规定。

法国高等教育质量评价模式的主要目的是监控高等学校的办学质量和经费的使用情况等，促使高等教育更好地适应法国经济、社会发展的需要。

（三）英国的高等教育质量评价体系特点分析

英国高等教育质量评价体系呈现出明显的多元评价特征，主要体现在评价指标的多元性和评价主体的多元性上。英国高校实行自评和外部评价有机结合的模式，学术专家是校内质量控制的主体，英国高校校内的教学质量控制体系，主要在三个环节上展开：一是对新课程的审批；二是对现行课程的检查指导；三是对整个教学计划的定期的评价。

英国的高等教育拨款主要分为教学拨款和科研拨款，分类明确。英国的各高等教育质量评价与拨款方式结合得较为紧密，各高等教育机构要想获得政府的拨款，就必须努力加强建设。英国依托评价中介机构保证评价的独立与公正。

评价中介机构能够确保高等教育在一个基本一致的质量标准下运作，为学生、家长甄别和选择学校提供依据和帮助，同时也在政府、社会与高校之间架起了一座桥梁，既可以为政府拨款投资提供咨询，又可以使高校保持相对独立，免受外部力量的干扰。

第八章　我国高等教育教学创新的策略分析

教育教学是大学教育中一个最基本的、最能体现出一所大学精神所在的重要内容，它是大学在寻求发展中的一个永恒的话题。本章分为高等教育教学方法的创新、高等教育教学创新的思路、高等教育教学创新的策略、高等教育教学的文化创新四部分。主要内容包括高等教育教学方法、更新教学理念、高等教育教学学术文化创新等。

第一节　高等教育教学方法的创新

一、高等教育教学方法

（一）讲授法

1. 讲授法的含义

讲授法是指教师通过口头语言讲解、表述等形式，系统地向学生传授知识。讲授法可以完成一系列的教学任务，如向学生传授教学内容，控制学生掌握知识信息的过程，提高学生的认知能力。

2. 讲授法的适用范围

①教学内容：适用于讲授与事实相关的知识，特别是新知识、新时事以及学科前沿的内容。讲授法还适用于学科内容复杂、抽象程度比较高的课程，对于事实以外的内容，讲授法应该借助实验、示范、直观教具、投影、多媒体等进行展现。

②学生：它更适宜进行指导性学习的学生，如低年级的学生，他们由于刚刚进入大学学习，需要教师给予更多的学习指导，而高年级的学生则适合于自

学、讨论等方法。

③教师：讲授法适用于那些善于运用语言技巧，思路清晰，充满自信的教师。当然，应当承认，讲授水平是经过训练加以提高的，不是一蹴而就的。

④教学环境：讲授法更适合于规模较大的班级。

3. 讲授法的优缺点

讲授法的优点：①有目的、有计划地借助各种教学手段，传授给学生各种知识信息，具有较高的教学效率；②教学成本低、费用少；③灵活性强，可以随时增删内容；④具有较强的针对性，能够将思想教育寓于讲授中，能增强教育的感染力。

讲授法的不足：①传递知识的方式单一，易枯燥；②信息量有限；③不够直观、生动；④对记忆力差的学生不利。

4. 讲授法的优化途径

为了提高讲授法的水平，改变讲授法的呆板、照本宣科的形式，必须注意方法本身要与学生、教学内容相协调，教师要注意与教学环境的互动。具体做法可以参考以下几方面。

①教师要做好课前准备，理清教学思路，把讲授中的问题以及解决问题的方法、条件交代清楚，要注意分清内容的重点、难点，并在时间上做恰当的安排，做到重点突出，难点解决到位。

②精心提炼板书内容，以便于学生了解重点，记笔记和复习。

③教师要深入了解学生，把握学生的知识背景和兴趣爱好，尽可能选择学生比较熟悉的例子。

④教师的语言要生动形象，言简意赅，通俗易懂，妙趣横生。

⑤讲授手段的运用也要恰当，幻灯、投影、图片展示、多媒体等形式都是辅助教学的好形式，对激起学生的兴趣，吸引学生的注意力有帮助，但要分清主次，不可喧宾夺主。

（二）讨论法

1. 讨论法的含义

讨论法是教师对教学知识进行辨明，或者以获取结论为目的，将学生组织起来，开展小组讨论，让其各抒己见，发散学生的思维，取得共识的教学方法。讨论法要注意选好题目，不可泛泛提出问题。

2. 讨论题目的类型

①阶段复习的讨论题目：反映本章节基本理论与方法的题目；学生易犯错误的典型性题目；在基本理论与方法的基础上，纵深拓展的题目。

②学习新内容的讨论题目：属于基本理论方面的题目，即重要理论、定理等；属于基本方法的题目，主要包括利用定理、原理可以解决哪些问题，解决问题的步骤、方法等。

3. 讨论法的适用范围

①教学内容：讨论法比较适用于讲解应用概念，还适用于旨在提高学生学习兴趣的教学。

②学生：高年级的学生比低年级的学生更适合用讨论法。讨论法还有利于促进班级成员之间的沟通，改善学生的人际关系。

③教师：各个教师均可以适当采用此种方法。

④教学环境：从硬件上看，讨论需要一个小教室，座位要灵活摆放，人数不可太多；从软件上看，要营造一种轻松、自由的气氛。

4. 讨论法的注意事项

①明确讨论的问题，并做好事前的准备工作。

②讨论小组一般以 7 ~ 10 人为宜。

③教师要制订讨论的规则，保证讨论的有序进行，提高讨论的效率和质量。

④引导学生发言要有鲜明性，要有独立的见解、观点。

⑤为了讨论的深入，教师要善于树立一个对立面，引起争论，让学生发散思维，做到各抒己见。

⑥教师要控制讨论进程，争取让每个学生都能发言。

⑦教师要做总结。针对一些争论较大的问题发表自己的看法，把问题的本质说清楚，启发引导学生思考。

（三）自学指导法

1. 自学指导法的含义

自学指导法是指在教师的指导下，学生自主学习教学内容，通过思考和研究获得新知识，掌握新技能的教学方法。自学指导法能够培养学生的学习自觉性，使其提高自信心，养成独立思考的习惯。

2. 自学指导法的适用范围

①教学内容：自学指导法适用于各种专业课程，尤其是在处理专门问题时，更倾向于使用这种方法。

②学生方面：自学指导法需要学生具有较强的独立学习能力，更适于具有强烈学习动机、自信心强的学生。

③教师方面：各教师均可以尝试此种方法。

④教学环境：自学指导法对教学环境的要求较低，可以在教室、资料室和图书馆实施，也可以在校外实施。

3. 自学指导法的具体做法

①教师要事先准备好学生自学的题目和选题，并为学生多介绍一些与题目相关的背景资料，以开拓学生的思路。当学生初步选定题目后，教师要帮助学生审题，对不适当的选题要另选。

②教师要与学生及时沟通，与学生共同研究通过独立学习要达到的短期目标和长期目标。

③在自学过程中，教师要关心学生的学习情况，及时帮助其解决问题，成为自学指导的推动者、鼓舞者。

二、高等教育教学方法的发展

（一）从注入式到启发式再到学导式

所谓“从注入式到启发式再到学导式”就是，学导式由启发式发展而来，启发式由注入式发展而来。

注入式也叫作“填鸭式”。注入式教学是教师不考虑学生的身心发展规律和学生的实际知识水平、接受能力等，将现成的知识结论直接灌输给学生。教师主观决定教学进程，强迫学生记忆。

启发式是指教师在教学过程中根据学习过程的客观规律，引导学生自觉掌握知识和学习方法。长期以来，教师一直把启发式作为指导思想和指导原则。但是，由于学校管理水平和教师素质不高，启发式长期以来一直处于“启而不发”的状态。

学导式教学是由启发式教学发展而来的，它的实施方法是，在教师的指引下，学生采取个体与群体相结合的方式，自主参与到教学过程中，从教学过程中获取知识，掌握学习方法。启发式是对注入式的否定，学导式是对启发式的升华。

（二）从依赖教学到自主教学

依赖教学是指在教学过程中，学生完全依赖教师的教学活动。依赖教学具有一维性，即一种目标，一种结果。教师制订统一的教学目标，选择统一的教学内容，使用统一的教学方法和教学手段。学生认为学习是教师的事情，是教师“要我学”。依赖教学使学生有的“吃不饱”，有的“吃不了”，有的“吃不好”。

自主教学是指教师引导学生主动参与教学过程，相对独立地开展学习活动。自主教学具有多维性，即多种目标，多种结果。教师鼓励学生根据自己的特点参与制订教学目标，鼓励学生采用最适合自己的学习方法、学习策略等来进行自我强化，以最大限度地提高学习效果。

从依赖教学到自主教学，既是一种改革趋势，又是一个渐进过程。作为教学方法，自主教学要求教师在学习需求、学习方法、学习过程、学习资源、学习时空、学习评价等方面，促进学生走向更大程度上的自主，要求学生有明确的目标追求和使命感，有活跃的思维和创新意识，有自觉地支配和调节自己的学习行为的习惯。

（三）从知际教学到人际教学

知际教学是重视教材中知识之间的内在联系，以及师生与知识之间的信息教学的教学。

人际教学是注重课堂上人与人之间的关系（教师、学生）与知识之间的信息交流的教学。它要求教师在教学活动中，不仅要传授知识之间的联系，还要展示这些知识所反映出来的思想方法，同时注重学生与知识之间的情感交流。简言之，人际教学是由知识、方法和情感所构成的一种立体的信息交流。教学活动的成效首先取决于人际关系的处理，在课堂教学系统中，人与人之间的关系无疑占据了中心地位，这反映出课堂教学由以知识为中心向以人为中心转移的大体趋势。

（四）从同步教学到异步教学

同步教学是指由一些年龄和知识水平相同或相近的学生组成一个班级，教师面对全班学生同时进行教学的方式。也就是说，同步教学是一对多的群体教学。同步教学要求同一班的学生，在同一时间、同一空间内，用同一个进度，同时完成教师规定的同一个教学内容。

异步教学是指以班级教学为背景，以小组教学为依托，以个别教学为基础，将班级教学、小组教学以及个别教学结合使用的一种教学方式。异步教学是指采取多种形式开展一对一的个别教学活动，并将一对多的群体教学与一对一的个别教学相结合的教学方法。

实施异步教学必须做到有统有放，统放结合。所谓统，从教师方面表现为统讲（即教师对全班学生的讲授、指导、点拨）、统问（即教师面对全班学生提问）；从学生方面表现为统听（即全班学生齐听教师的讲解和讲述）、统体（即全班学生在教师的引导下整齐划一地进行动口动手活动）。所谓放，指教师把一定的教学放下去，让学生进行小组学习和自学。

三、高等教育教学方法的创新方法

（一）还原法

还原法是指避开现行的世俗规则，将事物的原状设定为“是”，将所谓的“合理”事物设定为“非”，善于通过现象看本质，在教育教学中能够抓住问题的原点，回到对象的起点，将最主要的功能抽取出来，并研究其实现方法与手段，以实现良好的教育教学效果。教学方法创新与其他创新相同，都有其创新原点，寻找创新原点，从创新原点出发去寻找解决问题的途径，用新思想、新手段等塑造新方法，从本原上解决问题。

（二）强化法

强化是基于科学分析的一种“包装术”，即合理策划。强化法指通过各种强化手段对原本一般的方法进行压缩、精炼、聚焦、放大等，以取得强烈的创新效果，给人以感觉冲击。许多优秀教师的教学方法就是运用强化法，将一般教学方法“概念化”，或者将一般教学方法的部分元素剥离、充实，将其应用到极致得来的。这样获得的教学方法既是创新的，又具有很好的教学效果。

（三）合作法

高等教育教学是深度合作活动。推动高等教育教学创新，应该从教学活动本原入手，采用合作法进行创新。高校教育教学方法应该以师生平等为基础，推动学生自主探究，促进师生、生生合作。

（四）移植法

创新理论认为，移植法是把一个研究对象的概念、原理和方法运用于另一个研究对象，并取得创新成果的创新原理。移植法的实质是借用已有的创新成果进行创新目标的再创造。教学方法创新活动中的移植法，可以采取同一学科领域的“纵向移植”，也可以采取不同学科领域、不同地域的“横向移植”，还可以采取多学科领域、多地域教学方法的理念、思维和方法等综合引入的“综合移植”。

移植能够取得新的成果，在教学方法方面，移植也符合“感受共存”中的新奇性标准，即没尝试过的就是新奇的。所以，在教学方法问题上，国外的许多常规方法引入到我国来，就是创新，就能够产生新的效果，而我国的传统教学方法，传播到国外去，也会产生意想不到的效果。

（五）逆反法

逆向思维是一种重要的创新方法，逆反法要求人们敢于并善于打破头脑中常规思维模式的束缚，对已有的理论方法、科学技术和产品实物等持怀疑态度，从相反的思维方向去思索、去探求新的发明创造。实际上，任何事物都有着正反两个方面，这两个方面同时相互依存于一个共同体中。人们在认识事物的过程中，习惯于从显而易见的正面去考虑问题，因而阻塞了自己的思路。如果能有意识、有目的地与传统思维方法“背道而驰”，往往能得到极好的创新成果。教学方法中有一种备受推崇的“深入浅出”方法。其实，从逆反法的角度分析，高等教育教学中的很多课程内容可能并不适合“深入浅出”，而更需要“浅入深出”才能达到引人入胜的效果。

（六）分离法

分离原理是指对某一创新对象进行科学的分解和离散，使主要问题从复杂现象中暴露出来，从而使创造者厘清思路，便于抓住主要矛盾。分离原理在创新过程中，提倡将事物打破并分解，鼓励人们在发明创造过程中，冲破事物原有面貌的限制，将研究对象予以分离，创造出全新的概念和全新的产品。教学方法创新的分离法，就是把过去或原有的司空见惯的方法加以分解，按照一定逻辑关系进行整理，然后突出某一部分甚至将其扩充放大，使其成为一种等同甚至超越原来方法的新方法。

四、高等教育教学方法的管理

（一）根据教学方法的多样性进行管理

教学法，在教育学教科书中，对它的介绍有八九种之多。但在教学实践中所使用的教学法则不下几十种，没有固定的数量。所以，教学方法不是单一地对教学起作用的，而是由多种教学方法构成的教学方法群对教学发挥作用的。除了一般的教学法外，各学科教学都有教学法，如数学教学法、语文教学法等。即使是某一门学科的教学法也可分出许许多多的教学方法，如外语教学法中的听、说、读、写教学法。即便是阅读教学，也可以分出精读、泛读、快速阅读，等等。总之，各门学科都存在着大量的教学方法。

教学方法的多样性受多种因素的制约，如教学任务、教学内容、教师特点、学生特点、教学条件等。教学方法的多样性，要求学校领导者在进行教学方法的管理时，首先应让教师学习和掌握多种多样的教学方法；其次要指导教师根据实际教学的需要，运用多种方法进行教学，还要热情支持和鼓励教师进行教学改革和实验，创造新的教学方法。当然，对教学方法的使用应持慎重的态度，教师要对各种教学法进行认真分析和筛选，结合教学实际加以利用，绝不能孤立地、单独地运用某一教学法进行教学。

（二）根据教学方法的综合性进行管理

在一节课堂教学中，教师很少只采用一种教学方法，大多数都是对多种教学方法进行综合利用。例如，教师在课堂教学中，可能会就之前讲过的内容对学生进行提问，这就用到了复习检查法，在讲授新内容时会进行实际的操作演示，这就用到了演示法，同时教师还会根据新的讲授内容，对学生提出新问题，引发学生思考，这就用到了启发法。

教学方法的使用之所以有综合性，一是因为教学内容是复杂的。尽管每节课的主题可能只有一个，但围绕一个主题还有多个具体的问题，所以应根据教学内容采取多种教学方法。二是学生的学习是一个渐进过程，在不同的阶段应采取不同的教学方法。三是某一种教学方法对某一节的某部分教学内容起作用，但不是对所有的教学内容都起作用。因此，在教学过程中，各种教学方法是相互结合、相互联系、相互补充的。

根据教学方法的综合性特点，在管理中要指导教师综合运用各种教学方法，使各种教学方法有机结合起来，既可以“以一法为主，多法相助”，也可以“多法并用，相互补充”。如果教师一节课只用一种方法，就会使学生倦于听课。

（三）根据教学方法的艺术性进行管理

对于教学法，要认识其“教育有法，教无定法”的特点，正确处理“有法”和“无法”的关系。“教学有法”是指任何一种教学，都要运用一定的教学方法。“教无定法”是指在教学中并不固守某种教学方法，对教学方法不能公式化，而是根据教学的需要灵活运用。“教学有法”讲的是教学方法的科学性，“教无定法”讲的是教学方法的艺术性。所以，高校教师在教学过程中，既要注意教学方法的科学性，又要讲究教学方法的艺术性。

教学方法的艺术性是指教师在使用教学方法时，不能按照固定的程序使用，要根据条件和需要，将教学方法创造性地运用于教学实践中。对于教学方法如何使用，什么时候使用，主要取决于教学的实际情况。

教学活动是师生的双边活动，是对师生双方主观能动性的充分显现。随着教学活动的开展，学生的心理活动、学习表现会出现新的变化。不同的学生对同一学习内容的表现不同，同一学生也会因学习内容的变化而有不同的表现。例如，当运用讲授法进行教学发现学生没有兴趣时，就应运用其他方法激发学生的求知欲；学生听课疲倦时，可以运用幽默的方法，启发学生的情趣，消除学生的疲劳。

根据教学方法的这一特点，在教学方法管理中，强调教师熟练掌握各种教学方法，要求教师灵活地、创造性地将教学方法运用于不同的教学情景中。只有灵活、巧妙地运用各种教学方法，才能产生良好的教学效果，发挥教学方法的作用。

（四）根据教学方法的科学性进行管理

教学方法的科学性，是指教学方法的创造、提出、确定、选择和使用都要符合教学规律。不符合教学规律的教学方法是不正确的、不科学的教学方法，必须予以废止。所以，教学方法应该都是经过实践检验的、有利于学生身心发展的方法。根据这一特点，学校领导者应要求教师对各种教学方法进行认真分析、筛选，应选择、使用那些科学的教学方法，同时要求教师努力清除教学方法中不科学的成分。

（五）根据教学方法的发展性进行管理

教学方法是随着社会、教育的发展而发展的。永恒的教学方法是没有的。

教学方法的发展不仅是量的增加，更是质的提高。不仅要创造出更多的教学方法，还应根据教学的发展不断改善教学方法。根据这一特点，学校教导主任应支持教师们大胆革新教学方法，并给予物质条件的保障。

首先，学习古今中外优秀的教学方法。我国历史源远流长，有着丰富的知识宝藏。在教育方面也有许多值得教师借鉴和发扬的内容。应鼓励教师认真学习我国古代的教育方法，剔除其糟粕，吸收其精华。我国古代教育家们创造的许多教学方法仍然具有旺盛的生命力，如“启发诱导”“长善救失”等。对历史采取虚无主义的态度是十分错误的，而不分良莠全盘继承也是不正确的。所以，应批判地继承我国古代优秀的教育遗产。对国外的教育教学思想、方法，也应如此。

其次，支持教师在实验的基础上大胆创新。学校教导主任应鼓励和支持教师不断去实验，在实验的基础上创造出新的教学方法。

再次，教学方法改革要和教学的其他改革配套。教学方法服从于教学目的和教学思想，受到教学内容、教学组织形式以及教学对象的制约。如果传统的教学指导思想和考试制度不改革，教学方法是很难得到发展的。所以，教学方法改革应和学校教学整体改革结合起来。

最后，教法改革和学法改革并重。教学过程是教和学的统一过程，是一个过程的两个方面。因此，教学方法改革，是教法和学法两方面相互协调和统一的改革。长期以来，教师对学法重视不够。实际上，教法的目的是为学法的有效性服务。在教学过程中应加强教法和学法统一的研究，促进教学方法的发展。

第二节　高等教育教学创新的思路

一、更新教学理念

更新教育思想，确立实践教育教学理念。教育教学实践是指将高等教育教学内容中的自然科学知识、人文知识和德育等，通过具体的系统实践来固化、融合、升华。在教育教学实践中统一自然科学教育和人文教育，将实践贯穿在大学生培养的全过程，提高大学生的实践能力、社会适应能力和创新精神，提升他们的科学素质和人文素质，以满足社会对人才的实际需要。在校园文化建设中，高校要创建激励机制，鼓励学生开展创新创业活动，全面推进实践教育。

二、形成办学特色

第一，创新教育教学，培育办学特色。高校应该具有自己独特的教育思想和教育教学，这种独特的教育思想和教育教学能够在高校的发展过程中指导高校的办学思想和办学理念，从而推动教育发展，促进人的全面发展。教育教学的创新必将带来教育思想的转变，先进的教育思想必将促进先进办学思想的实践。

第二，构建学科特色，形成办学特色。学科特色建设是推动高校形成办学特色的关键。学科建设的发展水平对高校的专业建设、人才培养、师资队伍建设、科学研究等方面的质量有着重要影响，对高校形成办学特色起着强有力的支撑作用，决定着学校办学层次和服务水平的提高。学科特色是高校办学特色中的标志性特色，是构成高等教育教学核心竞争力的重要组成部分。

第三，发扬大学精神，升华办学特色。大学精神是一所高校所有成员在长期的办学实践中共同创造、发展和传承下来，并被所有成员共同认同的一种精神理念，反映了高校的精神面貌和历史文化传统，是高校的意志品质与精神理念的准确表达，是高校文明成果的表现。

三、推进师资队伍建设

要将高校师资队伍看成一个整体，推动高校师资队伍建设，积极采取各种方式，提高高校教师的教育教学能力、专业学术水平、科学文化素养、科研能力等，让教师掌握先进的教育教学理念、教学方法以及科研方法，培养教师勇于创新、崇尚科学的开拓精神，提高高等教育教学质量，形成高校师资队伍建设的良性循环，推动我国高等教育教学创新，为高等教育教学的跨越式发展奠定基础。

四、正确把握教学管理

（一）教学管理要点

1. 提高教学管理人员的水平

教学管理人员在高等教育教学中处于承上启下的关键位置，不仅要执行上级部门的工作部署，组织、协调好高校的教育教学管理工作，还要面对一线教师，与学生进行沟通。这样的工作职责要求教学管理人员应该具有良好的职业道德和高度责任感。教学管理工作的涉及范围很广，内容多且细，看似事小，但是实际上意义重大。例如，安排教学工作、传达上级文件精神、学籍档案管理、教师工作安排、考试工作安排等，这些工作年年重复，很容易引起认识上的麻痹。但是这些事情一旦出现管理问题就会造成教育教学工作不能正常运行。

2. 处理好教学管理与教学质量的关系

教学管理是高校对各方面的教学工作的管理，即根据既定的目标和原则对整个教学工作进行有序的调节。在教学管理过程中，每一个环节都和教学质量关系密切。教学管理的内容广泛，从教学质量评价来看，包括制订教学计划、安排教学任务、制订人才培养方案、教学跟踪监测、收集分析信息、开展质量评价等内容。同时，还需要根据反馈信息以及评价结果，及时调整和更新教学计划。教学管理工作的每一项工作的内容又包括许多方面，如教学跟踪监测主要包括监测教学内容是否恰当新颖、教学方法是否先进、课堂教学是否具有吸引力、理论与实践的结合程度、学生的学习情况、考试成绩评定等内容。教学管理工作始终要围绕提高教学质量这一工作来开展，因此要处理好教学管理与教学质量的关系。

3. 处理好教学管理人员与教师的关系

教学管理人员与教师共同承担教育的责任，教学管理人员的工作主要以有效整合资源并发挥其作用为主，教师的工作主要以传播知识、启迪思想为主。“管理育人”和“教书育人”是相辅相成、相互作用的关系，而不是管理与被管理、监督与被监督的关系，二者密不可分，是同一目的的两个不同层面，具体表现在以下几个方面。

①教学管理人员是衔接教师与学生的纽带，主要处理二者之间的矛盾和问题，以保证教育教学顺利进行。

②教学管理人员通过搜集、整理并分析教师教学质量的各种信息，反馈教学情况并进行科学评定。检查与评价内容主要包括教师的教学水平、学术水平和教学态度等，评估教师是否达成教学目标。对教师展开评估，可以促使教师按照社会发展要求，不断提高教学水平。

③教学管理人员与教师共同参与学校的专业建设、学科建设、课程建设、教材建设、实验室建设等工作，通过对教学的调查、研究和分析，提出改进教学工作的方案计划。

④教学管理人员要为教师提供教学上的帮助，帮助教师创造一个良好的教

学环境，让教师全身心投入到教育教学工作中。

4. 注重教学管理与教学研究的关系

教学管理是一个长期的过程，高校进行日常教学管理，确保教学工作正常运行，只是完成了第一层次的工作，代表有了良好的教学环境。要想提高教学管理水平，提高人才培养质量，就必须开展教学研究。高校只有重视教育教学研究工作，从国情、校情出发，确立新思想、新措施和新制度，其教学工作的指导思想才会更加明确，教学目标才能更加恰当，才能保持高质量的教学工作和管理工作。教学研究水平相对较差的高校，其教学改革会比较落后，不能抓住教学改革的重点。因此，应该重视教育教学研究对教学管理的重要作用。

（二）教学管理人员的素质要求

1. 具备高尚的道德素质

教学管理人员应该具有良好的道德素质，这是做好教学管理工作的基本条件。高校教学管理人员的道德素质直接关系到教书育人的开展情况。教学管理人员应该用自身的道德品质影响学生，做到管理育人。

2. 具有强烈的责任心

教学管理工作的任务重，且连续性较强，在工作过程中会不断出现新问题、新情况。教学管理人员应该具有强烈的责任心，对教学管理工作具有主动性。例如，对考试的安排、组织，试卷和成绩单的整理等各个环节都应该认真负责，做好每一个环节的工作。

3. 具备扎实的业务知识

①教学管理人员要掌握足够的管理学知识。随着高等教育改革的不断深入，教学管理人员应该掌握系统的管理学知识，并能够采用科学的管理方法合理分配资源。

②教学管理人员要掌握相关学科知识，院级教学管理人员要了解本院各专业的课程体系、培养目标和教学内容等。

③随着办公自动化程度的不断提高，教学管理人员应该掌握相关信息技术和手段，如熟悉教务管理系统、学籍管理系统、教学评估系统、教材管理系统、毕业证书管理系统，以及日常办公软件的使用等，促进教学管理方法的创新，不断提高教学管理工作的现代化、规范化和科学化水平。

4. 具备较强的工作能力

教学管理人员应该具备较强的工作能力，这是教学管理活动顺利完成并取得预期效果的保障。一名优秀的教学管理人员应该具备良好的组织管理能力，能够协调各教学单位间的关系，具有良好的应变能力，能够灵活运用现代化教学管理设备处理教学管理工作，具有较强的观察研究能力，促进教学信息良性流通。

五、创新课程体系及教学内容

（一）课程体系创新

要优化专业课程结构，创新课程体系，实行因材施教、分层教学、分类培养、定向培养、合作办学等人才培养模式，满足学生的学习发展需求，提高人才培养质量。在课程结构上，要打破传统国家课程、地方课程、分科课程、必修课程相互对峙的局面，调整课程比例，重视学生的个性差异，坚持理论与实践相结合，提高学生的专业技能、通用技能等。

（二）教学内容创新

拓宽专业课程，优化教学内容，提高教学质量，改变传统教学计划，增加弹性教学，注重大学生的文化素质教育。在公共必修课的基础上，加入学科必修课的教学，搭建课程平台，注重文理交叉，可加入跨专业的教学内容，加强专业渗透，推动大学生的宽口径发展，拓宽大学生的知识结构，让大学生根据自己的兴趣爱好和发展水平自由选择课程，提高大学生的综合素质。

第三节　高等教育教学创新的策略

一、重视德育教学

（一）拓展德育教学的教学形式

拓展德育教学的教学形式必须充分利用现有教学资源和条件，选取在教学中已经成形的教学方法和模式，进行拓展延伸。应该充分利用课堂教学开展德育。在课堂德育教学中，应该根据高等教育教学的特点，在教学目标和教学内容等方面，提出特殊要求，应该根据社会发展趋势调整德育教学内容，适时调整德育教学目标。在教学过程中，立足于市场经济实际，坚持先进性与普遍性相统一的原则，将塑造健全的人格置于德育工作的首位，将“利己不损人”作为道德底线，将“为己利他”作为道德建设目标。

强化师生双向互动，注重发挥学生的主观能动性，营造轻松愉快的德育教学氛围，确保德育课堂教学的有效性。可以邀请专家学者来校举办专题讲座，加强对大学生的人生观、价值观等方面的教育。无论是课堂上还是课堂下，都应该将德育教学重点放在塑造大学生的健康人格上，让大学生意识到德育是人格修养中不可缺少的一部分。

（二）德育教学的评价体系

面向德育改革的新形势，建立科学有效的德育考核评价体系。分析大学生的特点，结合高校教学条件和师资能力的实际，建立德育理论知识与社会生活实践相结合、量化考核和形成性评价相结合的评价体系。

评价主体要求全员参与，包括学生自我评价、教师评价和家长评价。将大学生的德育具体分为爱国的教育、爱党的教育、社会责任感的教育、礼仪的教育、感恩的教育、“珍惜生命，文明生活”的教育、遵纪守法的教育、爱护环境的教育等。应改变学生僵化的学习方式，可引导学生尝试“主动、探究、合作”的学习方式，给学生宽广的空间，供学生自由发展，促进学生的创新精神的培养。

要注重形成性评价。在教育活动中，可基于学生的生活经历，创设体验情境，激发学生主动探究，并以小组合作的形式完成教学活动。让学生通过探究解决问题，可培养学生创新思想与实践相结合的能力。

评价内容要量化考核。应将教师课堂评价内容、学生评价和家长评价纳入考核主体项目，将学生的自我评价能力、创造能力、处理问题的能力等作为考核因子。部分德育理论知识和学生互评可以通过网络测评完成，学生自评、家长评价和教师评价须进行严格的审核。为保障考评的公正、公平和公开，应对考核结果进行随机抽查，以检验考核体系与德育目标的一致性。

在经济发展新常态下，知识与技能已经不是大学生就业的唯一要求，越来越多的企业开始重视毕业生的道德素质及人文情怀。随着我国教育制度的不断优化，高校的教育改革当前已取得了一定的成效。为培养德才兼备的新型人才，高校应该更加重视德育教学工作，不断改进和完善德育教学方法和内容，进一步加深对德育工作重要性的认识，增强做好德育教学工作的积极性、主动性、创新性。

（三）德育教学的管理网络

高等教育的德育教学是一项复杂的系统工程，只有高校、学生家庭和社会等全方位参与，才能开展有效的德育教学工作。高校需要根据国家相关规定，以及本校实际，制订贴近大学生实际的德育教学计划，合理安排德育教学内容，科学制订考核与评价措施。大学生的居住社区要对大学生进行日常监督，负责大学生的日常思想政治教育。以上环节的协调，可形成德育教学的管理网络。

二、开展校企合作

（一）校企合作的意义

1. 促进资源整合

高等院校如果资金不足，就会制约高校发展，影响高校的师资队伍建设。校企合作能够解决高校发展资金不足的问题，丰富高校的教育资源，促进教学资源整合。

2. 推动人才培养

校企合作也可以促进高校人才培养模式的改革。在校企合作的过程中，企业参与高校人才培养的全过程，与高校共同制订人才培养方案、专业标准、课程标准、教学计划、教学模式等。在人才培养过程中，企业可以为高校带来相关行业的实际生产信息，让高校教学更符合社会实际需要，推动高校人才更符合专业岗位需要。校企合作可以让高校人才朝着规范化、标准化的方向发展，能够提高大学生的专业水平，有利于大学生就业。

3. 加速培养“双师”

教师在高等教育教学中扮演着重要角色。教师水平是影响高等教育教学质量的重要因素。因此，为了提高高校的教育教学质量和人才培养水平，应该加强师资队伍建设。通过校企合作，教师可以在企事业单位进行兼职锻炼，能够提高专业实践能力，这有利于加速培养“双师型”教师。同时，高等院校还可以从企业聘请技术与管理人员兼任学校教师，负责大学生的实践教学，这能够解决高校师资力量不足的问题。

4. 提高企业效益和声誉

校企合作不仅可以促进企业在内部改革和转型中发挥主导作用，承担更大的社会责任，还可以为企业提供人才支持和技术支持，提高企业效益和社会声誉。一方面，高校的专业教师可以为企事业单位开展员工培训、信息咨询、技术开发、产品设计、项目策划，促进改革创新，增强企业实力。另一方面，来自高校的毕业生可以直接进入企业工作，企业的人才后备力量有了保障。

随着社会的不断发展，教育过程和生产劳动过程这两个独立的社会活动，有了不可分割的内在联系。教育和生产劳动之间的联系是社会发展的必然结果，是不以人的意志为转移的。校企合作实际上是工业和教育的结合，是学校教育与企业生产的结合。在校企合作中，学校属于教育领域，而企业属于生产劳动领域。这两个领域原本是两个独立的领域，但是随着生产力的发展，大工业的生产方式已经出现，教育和生产劳动的关系越来越密切。

（二）校企合作的方式

1. 建立校企联动机制

校企合作的关键是寻找联动的结合点，否则难以形成合力。对高校和企业来说，发展是关注的焦点。因此，校企合作的逻辑起点应该是发展。高校的发展主要体现在人才培养上，企业的发展需要人才。因此，人才是校企合作的结合点。要让高校与企业围绕人才培养开展合作，就应该建立有效的校企联动机制，包括校企合作的管理制度与运行模式，建立起以现代信息技术为依托的网络交流平台，畅通信息沟通渠道。

2. 规范校企管理模式

高校与企业双方合作或多方合作，必须以合同或协议的形式建立起具有约束力的办学关系，明确合作各方的责任和义务，保证合作的规范性与有效性。同时，应该尊重高校教育教学规则、大学生的特点以及企业的实际需要，建立起以高校为主、企业参与的教学管理制度，高校与企业应共同商议并决定教学相关适宜，恰当安排教学各个环节，保证校企合作的质量，做到规范性和灵活性的完美结合。在办学实践中，实行项目管理，即由高校教育主管部门与企业负责人共同组成项目管理小组，共同研究并制订人才培养计划、管理制度等。在具体的教学实施过程中，校企双方应紧密合作，及时掌握教学情况。

3. 合理设置培养目标与教学计划

高等教育要培养适应生产、建设、服务、管理所需要的、德才兼备的应用型高级专门人才。为了实现这一人才培养目标，需要制订一个较高层次的、以培养技术应用能力为主线的人才培养方案，构建起科学合理的课程体系，确定因材施教和学以致用的教学内容，开展与专业就业岗位相关的实践教学环节。因此，高校需要转变传统的高等教育教学人才培养模式，建立起“学历+技能”的专业理论课程与技能培训相结合的课程体系。

第四节　高等教育教学的文化创新

一、高等教育教学学术文化创新

高等教育教学活动是占绝对主体地位的高等教育活动。教学的文化生态样式决定了教学的价值走向。从创新方面来看，目前高等教育教学文化生态中缺少“学术性”，也就是缺少了创新这一灵魂，会演化成一种急功近利，甚至颓废的“应景文化”。教师参与教育教学活动的目的是完成学校的教学任务，以获取工作报酬，学生参与教育教学活动的目的是应付教师的机械化要求。消极应付是师生在教育教学活动中的共同点。对于高等教育教学中的其他文化活动，如教师的教研活动、科研活动和服务活动等，以及学生的社团活动、文体活动和社会活动等，师生所表现出的积极、忘我甚至疯狂的态度与参与教学活动时所表现出来的完全不同。

以创新为魂，重振高等教育教学学术文化，能够有效推动高等教育教学方法的创新发展。教育教学方法的创新应该是构建一个恰当的环境氛围，而不是凭空捏造新型工具。富有创新内核的高等教育教学学术文化是目前最需要的。如今恢复与重建高等教育教学学术文化并不是要削弱或淡化高等教育的教学科研、社会服务这两大功能，而是要强化两者的渗透与融合，特别是现代研究型大学的强大教学科研功能以及应用型大学的社会服务功能，能够为教育教学活动注入创新活力，推动高等教育教学的文化创新。

二、高等教育教学管理文化创新

高等教育教学学术文化建设是一个复杂的系统性工程，也是一个长期的过程。重视高等教育教学管理文化也是推进高等教育教学文化创新的有效选择。长久以来，在“教学非学术”环境下形成的一系列教育教学管理制度与文化是高等教育文化创新的首要障碍。

推动高等教育教学管理文化创新，应该走科学管理的道路，应更加重视教育教学学术文化特性，使教学管理趋向于学术管理。虽然目前的高等教育教学学术管理存在严重的不合理现象，但也不能过于规范，从而违背高等教育教学的学术精神。从教育教学创新角度来看，自由是创新的源泉。不管是现代意义上的科学研究，还是教育教学方法创新，管理过于规范、机械，自由度就越小，产生创新成果的概率也就越小。因此，要提倡自由教学。自由应该从教育教学管理的改革开始，让教育教学管理赋有创新色彩，提高教学的自由程度。

参考文献

[1]王宝堂 . 当代高等教育管理与实践路径研究 [M]. 青岛：中国海洋大学出版社，2018.

[2]代静 . 高等教育管理与教学研究 [M]. 西安：西安交通大学出版社，2017.

[3]刘振海，谢德胜 . 终身教育视域下我国高等教育管理体制研究 [M]. 沈阳：辽宁教育出版社，2017.

[4]张学洪 . 学海撷英：深化高等教育改革的思考 [M]. 北京：光明日报出版社，2016.

[5]董立平 . 高等教育管理价值通论 [M]. 厦门：厦门大学出版社，2014.

[6]刘明亮 . 高等教育管理与大学生创新能力培养研究 [M]. 北京：科学技术文献出版社，2018.

[7]高健 . 高等教育管理的多方位思考 [M]. 沈阳：辽宁大学出版社，2014.

[8]阳荣威，陆启越，邹作鹏 . 比较视域下的高等教育质量保障研究 [M]. 长沙：湖南大学出版社，2016.

[9]张忠华 . 高等教育专题新论 [M]. 北京：光明日报出版社，2013.

[10]胡子祥 . 学生参与高等教育质量评估机制研究 [M]. 成都：西南交通大学出版社，2015.

[11]张存凤 . 高等教育管理模式创新及启示 [J]. 文化创新比较研究，2018（24）.

[12]祝爽 . 高等教育教学管理的观念变革和实践创新 [J]. 创新创业理论研究与实践，2018（14）.

[13]吉斌武，余舒萍 . 基于信息化管理的成人高等教育教学质量影响因素分析 [J]. 中国成人教育，2018（11）.

[14]史海峰 . 高等教育管理方式转型知识研究 [J]. 高教学刊，2018（11）.

[15]王一涵．新时期高校教育管理的现状和机制创新探讨 [J]. 天津市教科院学报，2018（06）.

[16]王佳赓，孟倩．高等教育质量管理机制研究 [J]. 教育现代化，2018（52）.

[17]王锶，郑诚德．大数据背景下高等教育管理模式改革探究 [J]. 管理观察，2018（35）.

[18]惠志兵．高校推进教育教学改革的几点举措 [J]. 科学大众（科学教育），2018（10）.